中等职业教育改革创新示范教材配套教材
中等职业教育物流服务与管理专业课程教材

国际货运代理

杜清萍　主编

科　学　出　版　社
北　京

内 容 简 介

本书分为11章，介绍了国际货运代理的相关概念和国际贸易的基础知识；阐述了国际货物运输方式，重点对国际海上货物运输、集装箱运输、班轮运输与租船运输、国际航空货物运输、国际路上货物运输及国际多式联运进行了相关介绍；还介绍了国际货物仓储、报检与报关业务及国际货运事故处理等相关知识点。

本书既可作为中等职业学校物流、国际商务等专业的教材，也可作为相关行业社会工作者的实践参考用书。

图书在版编目(CIP)数据

国际货运代理/杜清萍主编.—北京：科学出版社，2014

（中等职业教育改革创新示范教材配套教材·中等职业教育物流服务与管理专业课程教材）

ISBN 978-7-03-039512-2

Ⅰ.①国…　Ⅱ.①杜…　Ⅲ.①国际货运–货运代理–中等专业学校–教材
Ⅳ.①F511.41

中国版本图书馆CIP数据核字（2014）第003787号

责任编辑：毕光跃　王　琳/责任校对：王万红
责任印制：吕春珉/封面设计：金舵手

科 学 出 版 社 出版
北京东黄城根北街 16 号
邮政编码：100717
http://www.sciencep.com
新科印刷有限公司 印刷

科学出版社发行　　各地新华书店经销

＊

2014年2月第 一 版　　开本：787×1092　1/16
2014年2月第一次印刷　　印张：13
字数：308 000

定价：32.00元

（如有印装质量问题，我社负责调换〈新科〉）

销售部电话 010-62134988　编辑部电话 010-62135763-8020

前　言

随着我国近几年来物流业的蓬勃发展，国际货运代理业逐渐从国际贸易和国际运输这两个关系密切的行业里分离出来，成为独立的行业，国内物流人才的需求量也越来越大。培养学以致用的物流人才成为中职学校物流专业教育的根本任务。在可预见的未来，物流业的技术水平将迅速提高，物流人才的知识与能力也相应提高，并且需在工作中具备较强的学习与接受新知识和新技术的能力。

本书是国家社会科学基金"十一五"规划课题"以就业为导向的职业教育教学理论与实践研究"成果的具体应用，选取国际货运代理工作的基本流程与相关知识作为重点，结合课题研究的内容方法进行编写。与本书配套使用的《国际货运代理实训》采用单项实训和综合实训来巩固其理论知识。

本书从国际货运代理业务实际出发，除介绍国际货运代理相关知识外，还介绍了国际贸易基础知识、国际保理业务（O/A）以及国际货物仓储等相关知识进行了讲解，并对《2010年国际贸易术语解释通则》中最新的国际贸易术语做了解释，内容丰富，通俗易懂，有利于学生理解。

本书的编写充分考虑到中等职业学校学生的学习特点，在每章开头，提出相关学习任务，采用案例导入法引入教学。尽可能采用简洁的语言和图片、表格来诠释相关专业知识，也是本书的最大亮点与特色。

编者在编写本书过程中参考了许多同类书籍及网络资料，此外还得到了许多货运代理企业从业人员的大力支持，在此深表感谢。由于编写时间仓促，加之编者水平有限，书中不足之处在所难免，欢迎广大师生不吝赐教。

编　者

2013 年 10 月

目 录

第一章

>>>>>>>

国际货运代理总论

本章学习任务

1）能用自己的话说出国际货运代理的相关概念要点。

2）明白国际货运代理企业可以从事的业务。

3）了解国际货运代理的分类及业务范围。

4）知道如何报名参加货代从业资格培训与考试，以及不同协会货代证的含金量。

5）知道如何成为一名合格的货代人员。

第一节　国际货运代理的概念

一、货运代理的定义

货运代理一词源于英文"Freight Forwarder"和"Forwarding Agent"。国际货运代理协会联合会（International Federation of Freight Forwarders Associations，法文缩写为FIATA），对"货运代理"下的定义如下：货运代理是根据客户的指示，并为客户的利益而揽取货物运输的人，其本人并不是承运人。货运代理也可以以此为条件，从事与货运合同有关的活动，如仓储（也称寄存）、报关、验收、收款。

二、货运代理的含义、职责和级别

1. 货运代理的含义

货运代理一词具有两种含义：一是货运代理人，二是货运代理行业。货运代理人本质上属于货物关系人的代理人，是联系货主（Shipper，包括发货人和收货人）和承运人（Carrier）的货物运输中介，如图1-1所示。简单来说，货运代理的性质就是货物运输的中间人，是承接买方与卖方的纽带。从专业上来说，就是介于买方与卖方之外的第三方服务性企业，可以以买方、卖方的名义，或以自己的名义帮助客户办理进出口相关业务，并收取委托人的服务报酬，即佣金。

图1-1　货物运输的中介

2. 货运代理人的职责

货运代理人有时代表发货人选择运输路线、运输方式、承运人，向承运人订舱，缮制贸易运输单据，安排货物的短途运输、仓储、称重、检尺，办理货物的报检和通关手续，向承运人、仓储保管人及有关当局支付有关费用；有时代表收货人接收、检查运输单据，办理货物的报检与报关手续，提取货物，安排仓储和短途运输，支付运费及其他相关费用、协助收货人向责任方索赔；有时还代表承运人揽货、配载、装箱、拼箱、拆箱、签发运输单据。货运代理人有时还以独立经营人身份从事货物的仓储、短途运输，甚至以缔约承运人身份出具运单、提单（Bill of Lading，B/L）等。传统货代与独立经营人的区别如表1-1所示。

表1-1 传统货代与独立经营人的区别

类　　型	角　　色	法 律 地 位	服 务 内 容	企 业 形 式
传统货代	代理人	货主的代理人	代办与货物运输相关的事宜；其他传统货代业务	货运代理企业
独立经营人	法律上的承运人	货物运输的责任人	承接运输、仓储等业务；提供与货物运输相关的服务	无船承运人企业；集装箱拼箱经营人企业；国际航空快递企业；多式联运企业；第三方物流企业等

3. 货运代理的级别

对于一般企业而言，在外贸运输过程中直接接触的是货运代理公司而不是船公司，货代与船公司的关系就类似于生产商及其销售代理的关系。通常来讲，货代提供的服务包括订舱、拖箱、报关等。运费的缴纳与提单的取得都与货代直接联系。

在我国，货代公司分为一级、二级、三级，其中，一级货代的资信程度最高，运费最低，提供的服务也最及时、到位。报关代理企业或其他代理企业（俗称二级货代、三级货代）数量极其庞大，它们以挂靠一级货代的形式承揽货代业务。一级货代比二级货代多一个美金账号，都是一样的操作；二级货代要想订舱，或者通过挂靠一级货代，或者通过一级货代订舱。简单来说，一级货代直接面对船公司或者航空公司，二级货代与一级货代接洽业务，如二级货代要订舱，就要找一级货代。

一级货运代理可以直接在空运、海运或铁路公司订舱，而二级必须只能在一级订舱，以此类推。

三、国际货物运输

1. 国际货物运输的含义

国际货物运输，就是在国家与国家、国家与地区之间的运输。国际货物运输又可分为国际贸易物资运输和非贸易物资（如展览品、个人行李、办公用品、援外物资等）运输两种。由于国际货物运输中的非贸易物资的运输往往只是贸易物资运输部门的附带业务，所以，国际货物运输通常被称为国际贸易运输，从一国来说，就是对外贸易运输，简称外贸运输。

国际货物运输是实现进口商品、暂时进口商品、转运物资、过境物资、邮件、国际捐赠和援助物资、加工装配所需物料和部件及退货等从一国（或地区）向另一国（或地区）运送的物流活动，属于国际物流范畴。

2. 国际货物运输的方式

在国际货物运输中，涉及的运输方式很多，主要运输方式有四大类共8种：航空运输、海上运输、内河运输、铁路运输、公路运输、管道运输、邮政运输及由各种运输方式组合的国际多式联运（International Multimodal Transport）等。各国际运输服务公司的经营，多以某一种或多种运输方式为主，较常见的是海上运输或航空运输，并辅以其他运输方式，从而实现服务范围较大化覆盖。不同运输方式的特点和适运货物如表1-2所示。

表1-2　不同运输方式的特点及适运货物分析

运输方式		优　点	缺　点	适运货物
航空运输		运送速度快、安全准确、手续简便、节省包装材料、受地理条件影响小等	一次性货物运量较小、运输费用高	体积小、价值高、对时间要求较高的货物
水路运输	海上运输	一次运输量比较大、运输成本低、达到能力强等	运输时间长、货物损坏率相对高、时间段准确性较差、受自然条件限制等	大运量、长距离、对时间要求不高或价值较低的货物
	内河运输	投资少、运力大、成本低、能耗低等	运输时间长、货物损坏率相对高、时间段准确性较差、受自然条件限制等	没有时效性要求的大宗货物和集装箱货物，且价值不高
陆上运输	铁路运输	运输的准确性和连续性强、速度比较快、运量较大和成本相对较低、安全性比较高等	建造铁路的投资比较大、受地理条件限制等	长途运输、价值低的货物
	公路运输	灵活性强、方便快捷、不易受客观条件影响，可以到达其他运输方式不能触及的地方等	运量小、货损率高、费用相对较高等	只需短距离运输的各种货物
其他运输方式	管道运输	运输量大、连续、迅速、经济、安全、可靠、平稳、投资少、占地少、费用低、受自然影响小，并可实现自动控制	灵活性差、专用性强、专营性强、运送较慢、固定投入大	各种气体、粉末状固体、液体货物
	邮政运输	手续简便、运送快捷，可以实现门到门运输	对邮包的重量与体积及货物种类有限制、价格费用较高	量轻体小的货物和各种生产上急需的物品
	国际多式联运	手续简便、节省费用、提高运输质量、实现门到门运输	包含了海陆空运输的缺点，且协调性差	海陆、海空、陆空等联运的货物

四、货运代理业务相关人

国际货物运输属于服务性行业，国际货运代理人也主要是为货主办理货物进出口运输相关事宜的人，因此，从事国际货运代理必须与多个政府部门、企业和当事人打交道。国际货运代理人在国际货物运输整个过程中，充当安排、组织和协调人的角色。

在国际货物运输代理业务中，除货运代理人以外，还涉及与货运事务相关的其他人和单位，他们在货运事务中的地位和作用如表1-3所示。

表1-3　货运代理事务相关人和单位

名　称	界　定	作用和地位
货主	国际货物运输中的发货人或收货人，即国际贸易的买卖双方	货物运输事务的委托人
承运人	专门经营海上、铁路、公路、航空等货物运输业务的企业	完成货物运输的人。可以是实际承运人，也可以是契约承运人
船舶代理人	接受船舶公司经营人或者船舶所有人的委托，为他们在港口办理各种手续的人	代表船东接受委托人的订舱，代为签发运输单据

名　称	界　定	作用和地位
外轮理货	提供货物在港装卸的专业服务公司	提供货物在港装卸服务
口岸	国际海运码头、停泊国际航班的机场、国际铁路货物换装站点和边境公路的关卡等场所	国际运输货物启运地和抵达地及边防关卡
堆场	出口货物装箱、进口货物分拨和堆放集装箱的场所	对国际货物集中装箱和分拨
海关	代表国家在进出境环节进行监督管理的国家行政机关	对货物、运输工具、进出境物品和人员的进出境进行监督管理
海关监管仓库	存放海关已经放行等待出运的出口货物、海关还未放行的进口货物和其他海关监管的保税货物仓库	保证海关在进出口环节监管制度的执行

五、货运代理的分类

国际货运代理的分类，通常是根据委托人身份、委托代理人数量、代理人权限范围、委托办理事项、代理人层次、代理业务内容、运输方式等7个方面进行划分。分类和服务项目如表1-4所示。

表1-4　国际货运代理分类和服务项目

分类形式	货代种类	委托形式	服务项目
委托人身份	货方代理	接受进出口货物收发货人的委托	为了托运人的利益办理国际货物运输及相关业务（如订舱、装运、报关、提货等）
	承运人代理（船方代理）	接受从事国际运输业务的承运人的委托	为了承运人的利益办理国际货物运输及相关业务（如揽货、配载、货物交接、后勤服务、装卸、理货、检查等）
委托代理人数量	独家代理	委托人授予一个代理人在特定的区域或者特定的运输方式或服务类型	从事国际货物运输业务或相关业务
	普通代理	委托人在特定区域或者特定运输方式或服务类型下，同时委托多个代理人代理	从事国际货物运输业务或相关业务
代理人权限范围	全权代理	委托人委托代理人	办理某项国际货物运输业务或相关业务，并授予其根据委托人自己意志灵活处理相关事宜权利
	一般代理	委托人委托代理人	办理某项具体国际货物运输业务或相关业务，要求其根据委托人意志处理相关事宜
委托办理事项	综合代理	委托人委托代理人	办理某一票或某一批货物的全部国际货物运输事宜，提供相关配套服务的国际货运代理
	专项代理	委托人委托代理人	办理某一票或某一批货物的某一项或某几项国际货物运输事宜，提供规定项目的相关服务的国际货运代理
代理人层次	总代理	委托人授权代理人作为在某个特定地区的全权代表	处理委托人在该地区的所有货物运输事宜及相关事宜
	分代理	总代理人指定的在总代理区域内的具体区域代理委托人	在总代理区域内的具体区域代理委托人办理货物运输事宜及其他相关事宜的国际货运代理
代理业务内容	国际货物综合代理	接受进出口货物收发货人的委托	以委托人的名义或者以自己的名义，为委托人办理国际货物运输及相关业务
	国际船舶代理	受船舶所有人、经营人或承租人的委托	办理与在港国家运输船舶及船舶运输有关的业务，提供有关服务

续表

分类形式	货代种类	委托形式	服务项目
	报关代理	接受进出口货物收发货人或国际运输企业的委托	办理进出口货物报关、纳税、结关事宜
	报检代理	接受出口商品生产企业、进出口商品收发货人及其代理人或其他贸易关系人的委托	办理进出口商品的卫生检验、动植物检疫事宜
	报验代理	接受出口商品生产企业、进出口商品发收发货人及其代理人或其他贸易关系人的委托	办理进出口商品质量、数量、包装、价值、运输器具、运输工具等的检验、鉴定事宜
运输方式	水运代理	接受承运人的委托	提供水上货物运输服务及相关服务。可分为海运代理和河运代理两种类型
	空运代理	接受承运人的委托	提供航空货物运输服务及相关服务
	陆运代理	接受承运人的委托	提供公路、铁路、管道等货物运输服务及相关服务。可分为公路运输代理、铁路运输代理和管道运输代理等
	联运代理	接受承运人的委托	提供联合运输服务及相关服务。可分为海空联运代理、海铁联运代理、空铁联运代理等

六、货运代理的作用

国际货运代理企业通晓国际贸易环节，精通各种运输业务，熟悉有关法律、法规，业务关系广泛，信息来源准确、及时，与各种承运人、仓储经营人、保险人、港口、机场、车站、堆场、银行等相关企业，以及海关、商检、卫检、动植检、进出口管制等有关政府部门存在着密切的业务关系。不论对于进出口货物的收发货人，还是对于承运人和港口、机场、车站、仓库经营人，国际货运代理企业都有重要的桥梁和纽带作用。仅对委托人而言，国际货运代理的作用、优势和服务内容如表1-5所示。

表1-5　国际货运代理的作用、优势和服务内容

作　用	优　势	服务内容
组织协调	拥有运输知识及其他相关知识	组织运输活动，设计运输路线，选择运输方式和承运人（或货主），协调货主、承运人及其与仓储保管人、保险人、银行、港口、机场、车站、堆场经营人和海关、商检、卫检、动植检、进出口管制等有关当局的关系
专业服务	拥有专业知识和经验	为委托人提供货物的承揽、交运、拼装、集运、卸载、交付服务，接受委托人的委托，办理货物的保险、海关、商检、卫检、动植检、进出口管制等手续，甚至有时要代理委托人支付、收取运费，垫付税金和政府规费
沟通控制	拥有广泛的业务关系、发达的服务网络、先进的信息技术手段，可以随时保持货物运输关系人之间、货物运输关系人与其他有关企业或部门的有效沟通	对货物运输的全过程进行准确跟踪和控制，保证货物安全、及时运抵目的地，顺利办理相关手续，准确送达收货人，并应委托人的要求提供全过程的信息服务及其他相关服务
咨询顾问	通晓国际贸易环节，精通各种运输业务，熟悉有关法律、法规，了解世界各地有关情况，信息来源准确、及时	就货物的包装、储存、装卸和照管，货物的运输方式、运输路线和运输费用，货物的保险、进出口单证和价款的结算，领事、海关、商检、卫检、动植检、进出口管制等有关当局的要求等向委托人提出明确、具体的咨询意见，协助委托人设计、选择适当的处理方案

续表

作 用	优 势	服 务 内 容
降低成本	掌握货物的运输、仓储、装卸、保险市场行情，与货物的运输关系人、仓储保管人、港口、机场、车站、堆场经营人及保险人有着长期、密切的友好合作关系，拥有丰富的专业知识和业务经验	选择货物的最佳运输路线、运输方式，最佳仓储保管人、装卸作业人和保险人，争取公平、合理的费率，甚至可以通过集运效应使所有相关各方受益
资金融通	与货物的运输关系人、仓储保管人、装卸作业人及银行、海关当局等相互了解，关系密切，长期合作，彼此信任	代替收发货人支付有关费用、税金，提前与承运人、仓储保管人、装卸作业人及银行、海关当局结算有关费用，凭借自己的实力和信誉向承运人、仓储保管人、装卸作业人及银行、海关当局，提供费用、税金担保或风险担保等

本节知识要点检查与思考

1）什么是国际货运代理？

2）传统货代与独立经营人有何区别？

3）国际货物运输方式有哪几种？各自有何优缺点？

4）国际货运代理在货物运输中需要与哪些人打交道？

5）国际货运代理是如何分类的？

6）国际货运代理有何作用？

第二节 国际货运代理业务

案例导入

　　小王已经向小李解释清楚了什么是国际货运代理企业，但小李又问："国际货运代理企业到底是做什么业务的？"小王一时半会儿也说不清。上班第一天，小王向同事小韩请教，可小韩却说货运代理公司什么都能做，这让小王更加糊涂。于是小王决定一定要弄明白国际货运代理企业究竟可以做哪些业务。

本节任务

　　用自己的语言向小王解释国际货运代理企业能做哪些业务。

一、国际货运代理主要业务

　　国际货运代理业务与货物国际运输密切相关，因为国际货运代理是根据货主的委托，围绕货物国际运输中诸如运输方式的选择、运输线路的设计、代订舱位、代办报关报检、安排货物的集港和装运，以及货物的装箱、分拨、仓储、内陆运送等业务展开的。

1. 国际货运代理业务范围

　　根据《中华人民共和国国际货物运输代理业管理规定实施细则》（以下简称《实施细则》）的规定，国际货运代理企业的经营范围如下。

　　1）揽货、订舱（含租船、包机、包舱）、托运、仓储、包装。

2）货物的监装、监卸、集装箱装拆箱、分拨、中转及相关的短途运输服务。

3）报关、报检、报验、保险。

4）缮制签发有关单证、交付运费、结算及交付杂费。

5）国际展品、私人物品及过境货物运输代理。

6）国际多式联运、集运（含集装箱拼箱）。

7）国际快递（不含私人信函）。

8）咨询及其他国际货运代理业务。

2. 国际货运代理具体业务

（1）进出口货运代理业务

国际货运代理出口业务主要是代理发货人办理货物出运的安排和办理相关手续，而国际货运代理进口业务主要是代理收货人办理货物接运事宜、发货地订舱的运输安排和办理清关的相关手续。进出口代理具体业务流程内容如表1-6所示。

表1-6　进出口代理具体业务流程内容

出口代理业务内容	进口代理业务内容
揽货，选择运输路线、运输方式和承运人并向其订舱	报告货物动态
提取货物并签发有关单证	接受和审核相关运输单据
货物的包装、储存、称重和测量尺寸	安排发货地订舱的运输
研究信用证条款和所有政府的规定	向承运人提取货物
待货物集港后办理报关及单证手续，并将货物交给承运人	安排报关和付税及支付其他费用
安排保险	向收货人交付已结关的货物
支付运费及其他费用	支付运费及其他费用
收取已签发的正本提单，并转交发货人	协助收货人储存或分拨货物
安排货物转运和集港运输	安排转运和运输过程中的仓储
通知收货人货物动态信息	
记录货物灭失情况，协助收货人向有关责任方进行索赔	

（2）仓储业务

仓储业务主要是为了储存那些由于生产和消费暂时发生矛盾或其他原因需要储存的货物。国际货运代理开展仓储业务主要是利用自有或租赁的仓库和设备，代货主储存国际贸易货物，其业务主要有以下几个方面。

1）清点货物数量，检查货物包装和标志，与货主和货运人员办理货物交接手续。

2）按照货主要求，代为检验货物品质。

3）根据检验结果，办理货物入库手续。

4）根据货物的性质、特点、保管要求，分区、分类按货位编号合理存放、堆码、苫垫。

5）编制保管账卡，定期或根据临时需要进行盘点，做好盘点记录。

6）妥善保管货物，及时保养、维护。

7）按照货主要求，整理货物原始包装，进行零星货物的组配、分装。

8）审核货主填制的提单或调拨单等出库凭证，登入保管账卡。

9）配货、包装、刷唛，将货物集中到理货地点等待运输。

10）复核货物出库凭证，向货主或承运人交付货物，核销存储货量。

（3）其他服务业务

根据客户的特殊需要，进行监装、监卸、货物混装、集装箱拼装箱、运输咨询服务和特种货物运输服务及海外展览的运输服务等。

二、国际货运代理业务流程

国际货运代理业务分为出口业务和进口业务，其进出口业务具体操作流程如图 1-2 所示。

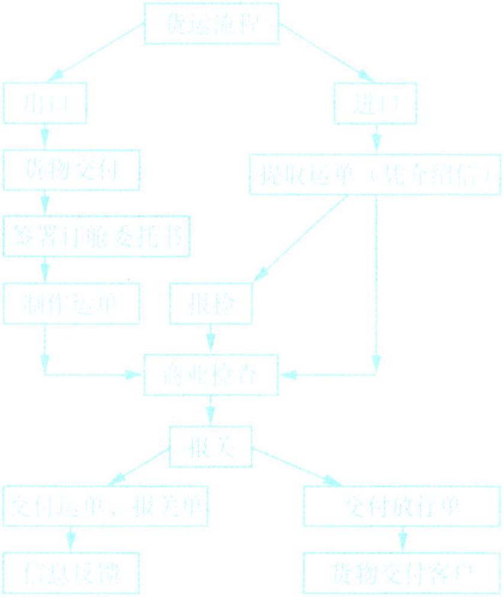

1. 出口货运代理业务流程

出口货运代理业务为揽货接单、审核单据并接受订舱要求、签署客户订舱委托书、接受有关报关资料作为订舱确认、签发提单等。

2. 进口货运代理业务流程

进口货运代理业务流程如下：首先，进行船舶到港前和船舶到港后的准备工作；然后，审查提单等有关单证，签发提货单给收货人提货；最后，做好每一航次船的文件归档工作。

三、无船承运人业务

图1-2　国际货运代理业务流程

1. 无船承运人的概念

无船承运人（Non-Vessel Operating Carrier，NVOC），是指按照海运公共承运人的运价表或其与海运公共承运人签订的服务合同支付运费，并根据自己运价表中公布的费率向托运人收取运费，从中赚取运费差价。在直达运输的情况下，无船承运人还负责安排内陆运输并支付内陆运输费用；在提供国际多式联运服务中，国际货运代理实际上以无船承运人的身份承运货物。

无船承运人即以承运人身份接受货主（托运人）的货载，同时以托运人身份委托班轮公司完成国际海上货物运输，根据自己为货主设计的方案路线开展全程运输，签发经过备案的无船承运人提单。无船承运人购买公共承运人的运输服务，再以转卖的形式将这些服务提供给包括货主及其他运输服务需求方。

无船承运人充当经纪人，是近些年来出现的一种运输服务形式。这种类型的无船承运人一般不从事具体经营活动及实际服务业务，只从事运输的组织、货物的分拨、运输方式和运输路线的选择及服务的改善，而其收入主要是中介费和由于"批发"而产生的运费差额。

2. 无船承运人的业务范围

由于经济、技术实务不同，无论在国内还是在国外，无船承运人经营业务的范围有较大区别，有的无船承运人兼办货物报关、货物交接、短程拖运、货物转运和分拨、订舱及各种不同运输方式的代理业务，有的只办理其中的一项或几项业务。但一般来讲，无船承运人的主要业务如下。

1) 作为承运人与货物托运人订立运输合同，签发货运单据（提单、运单），并对从接受货物地点到目的地交付货物地点的运输负责。

2) 作为总承运人组织货物全程运输，制订全程运输计划，并组织各项活动的实施。

3) 根据托运人要求及货物的具体情况，与实际承运人洽定运输工具（订舱）。

4) 从托运人手中接收货物，组织安排或代办到出口港的运输，订立运输合同（以本人的名义），并把货物交给已订舱的海运承运人。在上述交接过程中，代货主办理报关、检验、理货等手续。

5) 如有必要，办理货物储存和出库业务。

6) 在目的港从海运承运人手中接收货物后，向收货人交付货物。

对于货主来讲，将货物交给无船承运人运输比交给传统意义上的承运人运输，在手续上要简便得多，而且可省去委托货运代理人这一环节。

3. 无船承运人的具体业务

无船承运人有广义和狭义之分，广义无船承运人和狭义无船承运人除经营的业务有所不同之外，其性质也有较大的区别。广义的无船承运人兼办多项业务，如货物报关、货物交接、货物调拨、订舱、各种运输方式的代理业务等。狭义的无船承运人则专办一项或两项业务，如陆运代理业务、海运业务等。通常无船承运人承办的业务如表1-7所示。

表1-7　无船承运人承办业务

业 务 项 目	服 务 内 容	角　色
签发提单	作为承运人签发货运提单，并对提单货物担负运输责任	契约承运人
承办订舱业务	根据托运人的要求和货物的具体情况，向船公司洽订舱位	托运人的代理人
承办货物交接	在指定的地点接受货物并转交承运人或其他人。在交接货物的过程中，为货主办理货物的检验、报关等手续	托运人的代理人
代办储存业务	为需要储存的货物选择仓库，办理储存、出库手续等	托运人的代理人

4. 无船承运人的责任

无船承运人是承运人，对于无船承运人责任的认定，一般是参照《中华人民共和国海商法》（以下简称《海商法》）第四章第二节规定的承运人的责任加以确定。

《海商法》中规定的承运人的责任制是不完全过失责任制，如此一来，远洋公共承运人享受的不完全过失责任制，无船承运人也可以享受。此外，还有若干的免责事由可以使无船承运人免于对货物的灭失、损害承担责任。不仅如此，无船承运人还享有承运人的收取运费、留置货物等权利。在承运人的法定义务方面，谨慎处理使船舶适航、合理速遣、不进行不合理绕航、妥善谨慎地管理货物等规定，是针对经营船舶的远洋公共承运人而言的，与无船承运人无关。此外，在免责条款中，航行过失、管船过失、船上火灾、海上救助等条款，也是针对远洋公共承运人的，由于无船承运人不实际拥有或经营船舶，就不可能进行上述活动。

实际上，在运输契约的权利、义务条款方面，无船承运人起的只是"二传手"的作用。因此，无船承运人的不完全过失责任制是以远洋公共承运人的行为为基础的，即远洋公共承运人对合同义务的履行和行为是否免责，决定无船承运人是否应承担运输责任或免责。

综上所述，当无船承运人介入运输、承担承运人职责的时候，无船承运人承担的责任就是不完全过失责任，但是此时的不完全过失责任是以实际承运人的行为作为基础的。

四、第三方物流经营人业务

1. 第三方物流的产生

随着信息技术的发展和经济全球化趋势的加快，越来越多的产品在世界范围内流通、生产、销售和消费，物流活动日益庞大和复杂，而第一方、第二方物流的组织和经营方式已不能完全满足社会需要；同时，为参与世界性竞争，企业必须确立核心竞争力，加强供应链管理，降低物流成本，把不属于核心业务的物流活动外包出去，于是，第三方物流（ThIRD-Party Logistics，3PL/TPL）应运而生。我国最早的理论研究之一是第三方物流：模式与运作。最常见的第三方物流服务包括设计物流系统、电子数据交换（Electronic Data Interchange，EDI）能力、报表管理、货物集运、选择承运人、选择货代人、选择海关代理、信息管理、仓储、咨询、运费支付、运费谈判等。由于服务业的方式一般是与企业签订一定期限的物流服务合同，所以有人称第三方物流为"合同契约物流"（Contract Logistics）。

2. 第三方物流的概念

第三方物流是指生产经营企业为集中精力做好主业，把原来属于自己处理的物流活动，以合同方式委托给专业物流服务企业，同时通过信息系统与物流企业保持密切联系，达到对物流全程管理控制的一种物流运作与管理方式。它是由物流劳务的供方、需方之外的第三方完成物流服务的物流运作方式。它不拥有商品，不参与商品的买卖，而是为客户提供以合同为约束、以结盟为基础，系列化、个性化、信息化的物流代理服务。

第三方是相对"第一方"发货人和"第二方"收货人而言的，指提供物流交易双方的部分或全部物流功能的外部服务提供者。

第三方物流内部的构成一般可分为两类：资产基础供应商和非资产基础供应商。对于资产基础供应商而言，他们有自己的运输工具和仓库，通常实实在在地进行物流操作。而非资产基础供应商是管理公司，不拥有或租赁资产，他们提供人力资源和先进的物流管理系统，专业管理顾客的物流功能。广义的第三方物流可定义为两者的结合，而狭义的第三方物流是指能够提供现代化的、系统的物流服务的第三方的物流活动。

3. 第三方物流经营人

第三方物流经营人是指在特定的时间段内，按照特定的价格向物流服务使用者（或物流需求企业）提供个性化的系列物流服务的除供方或需方以外的企业，又称第三方物流企业，它建立在现代电子信息技术基础上，因此又叫现代物流企业。第三方物流经营人自己并不拥有任何商品，但为客户提供运输、储存、加工、装卸等服务，并收取服务费用。

第三方物流经营人有广义和狭义之分，广义的第三方物流经营人和狭义的第三方物流经营人除经营的业务活动有所不同外，其性质也有较大区别。广义的第三方物流经营人可充当承运人，还可为第一方、第二方办理货物的报关、交接、配送、仓储及货物装拆箱等业务，而狭义的第三方物流经营人只从事其中一项或两项。

传统物流企业（如货运公司或货代公司等）是靠收取运费或佣金运营的，它们与客户的关系就是简单的委托代理关系，只要负责按照客户的要求把货物安全送达就可以了，并且通常是一次委托一次收费。第三方物流经营人则是负责客户整个或部分物流系统的运营，责任期间较长，所担风险较大，盈利也较多，与客户之间是战略同盟者、战略投资人、市场共生和利益一体化等关系。

第三方物流经营人与国际货运代理人和无船承运人既有相似之处，又有不同之处，3 种经营者的异同比较如表 1-8 所示。

表1-8　3种经营者的异同比较

比较项目	国际货运代理人	无船承运人	第三方物流经营人
与托运人关系	受委托方与委托方	承运人与托运人	经营人与委托人
与收货人关系	不存在任何关系	提单签发人与持有人	根据是否订立合同或是否签发有关单证确定
法律地位	委托方代理	承运人	经营人
相关费用计收	佣金	收运费或赚取差价	根据服务动态收费
提单拥有	不拥有自己的提单	拥有自己的提单	根据经营的业务和法律地位确定
服务动态	软件服务	软件服务	软件或硬件，或软硬件
信息系统	比较独立	比较独立	综合网络系统
业务范围	进出口货运相关业务	进出口货运相关业务，承担运输责任	根据客户要求承担所能的服务确定
买卖合同	不订立买卖合同，不拥有货物	不订立买卖合同，不拥有货物	不订立买卖合同，不拥有货物
运输合同	代表委托方订立	与托运人订立	根据是否承担运输责任确定
业务行为	动态服务	动态服务	动态服务
法规使用	货运法规	货运和运输法规	根据所从事的业务适用相关法规确定
法律关系	委托关系	双重身份	多重身份

4. 第三方物流经营人的具体业务

第三方物流经营人的业务主要是提供商品的运输、配送、仓储、包装、搬运装卸、流通制作，以及相关的物流信息等环节的服务。具体业务与服务内容如表 1-9 所示。

表1-9　第三方物流经营人业务与服务内容

具体业务	服务内容
运输服务	订舱、单证制作、报关、报验、货物运输、运价谈判等
仓储和配送服务	货物仓储、运输、配送、分拨与包装等
增值服务	流通生产、加工、重新包装、贴标签、售后服务等
信息服务	物流方案咨询、物流信息反馈等
总体策划与设计服务	物流方案策略和流程解决方案、物流系统建设等

本节知识要点检查与思考

1）国际货运代理的主要业务是什么？

2）无船承运人的主要业务是什么？

3）简述国际货运代理进出口业务流程。

4）简述第三方物流的概念。

5）国际货运代理人、无船承运人和第三方物流经营人有何异同？

第三节　国际货运代理企业

案例导入

小王在公司上班一段时间之后，心中萌发了毕业后自主创业的念头。于是小王向同事小韩请教，问道："我打算毕业之后自己创业，创办一家国际货运代理公司。你知道创办货运代理公司的手续吗？"小韩告诉他创办国际货运代理公司首先需要申请，之后要到商务部进行备案。但具体步骤还不清楚。

本节任务

用自己的语言向小王解释如何办理国际货运代理企业的申请与备案。

一、国际货运代理企业的分类

国际货运代理企业是指接受进出口货物收发货人的委托，以委托人或者自己的名义，为委托人办理国际货物运输及相关事宜，并收取报酬的法人企业。目前我国国际货运代理企业按其背景可划分为六大类，它们的背景和特点内容如表 1-10 所示。

表1-10　国际货运代理企业分类

企业类别景	企业特点	企业代表
以中国外运股份有限公司（中外运）为背景的企业	一业为主、多种经营、范围较宽、业务网络发达、实力雄厚、人力资源丰富、综合市场竞争力强	中外运及其设立的分支机构、全资子公司、控股公司、合资企业等
以航运公司、航空公司、铁路部门（实际承运人）为背景	专业化经营、与实际承运人关系密切、运价优势明显、运输信息灵通、方便货主、在特定的运输方式下市场竞争力较强	中远国际货运有限公司、中国外轮代理总公司、中国民航客货运输销售代理公司、中国铁路对外服务总公司等
以外贸专业公司、工贸公司为背景	在货源、审核信用证、缮制货运单证和向银行办理议付结汇等方面较其他具有明显优势，但规模较小，服务功能欠完善，缺乏网络化的经营条件	五矿国际货运公司、中化国际仓储运输有限公司、中粮国际仓储运输公司、中国国际仓储运输公司、长城国际货运代理有限公司等
以仓储企业为背景	凭借仓储优势及这方面的丰富经验，揽取货源，深得货主信任。特别在承办特种货物方面独有专长，但规模较小、服务单一	天津渤海石油运输有限责任公司、上海国际展览运输有限公司、北京华协国际珍品货运服务有限公司等
以境外国际运输、运输代理企业为背景	国际业务网络较为发达，信息化、人员素质、管理水平高，服务质量好，竞争力强	马士基集团、法国达飞轮船有限公司、韩进海运有限公司等船公司及在国内设立的自己控股货运代理企业
其他背景的货运代理企业	企业投资者成分多样，企业背景不同；经营规模、经营范围、经营能力、管理水平、服务质量参差不齐	上海宝钢国际货运代理有限公司、北京市外国企业服务总公司、天津市大田航空代理公司等

二、国际货运代理企业的设立

国际货运代理企业必须依法取得中华人民共和国法人资格。《实施细则》第三条规定：国际货运代理企业的名称、标志应当符合国家有关规定，与其业务相符合，并能表明行业特点，其名称应当含有"货运代理"、"运输服务"、"集运"或"物流"等相关字样。符合国际货运代理企业设立条件的企业，必须在商务部规定的机构备案后，方可取得国际货运代理资格。

1. 国际货运代理企业设立条件

根据《中华人民共和国国际货物运输代理业管理规定》（以下简称《管理规定》）第七条和第八条及《实施细则》第八～十条的有关规定，设立国际货物运输代理企业，应当具备一定的条件。主要条件如表1-11所示。

表1-11　国际货运代理企业设立条件

项　　目	条　　件
申请人	申请人是与进出口贸易或国际货物运输有关，并有稳定货源的单位。符合以上条件的投资者应当在申请项目中占大股
企业性质	国际货运代理企业应当依法取得中华人民共和国企业法人资格。企业组织形式为有限责任公司或股份有限公司
注册资本	经营海上国际货物运输代理业务的，注册资本最低限额为500万元人民币
	经营航空国际货物运输代理业务的，注册资本最低限额为300万元人民币
	经营陆路国际货物运输代理业务或者国际快递业务的，注册资本最低限额为200万元人民币
营业条件	具有至少5名从事国际货运代理业务3年以上的业务人员，取得通过商务部资格考试颁发的资格证书
	有固定的营业场所，自有房屋、场地须提供产权证明；租赁房屋、场地，须提供租赁契约
	有必要的营业设施，包括一定数量的电话、传真、计算机、短途运输工具、装卸设备、包装设备等
	有稳定的进出口货源市场是指在本地区进出口货物运量较大，货运代理行业具备进一步发展的条件和潜力，并且申报企业可以揽收到足够的货源

2. 申请设立国际货运代理企业所需材料

申请经营国际货运代理业务的单位应当报送相关文件，如表1-12所示。

表1-12　申报国际货运代理企业所需材料

材料名称	材料内容
申请书	投资者名称、申请资格说明、申请的业务项目等
可行性研究报告	基本情况、资格说明、现有条件、市场分析、业务预测、组建方案、经济预算及发展预算等
营业执照	投资者的企业法人营业执照（影印件）
大会决议	董事会、股东会或股东大会决议
企业章程（或草案）	
主要业务人员情况	学历、所学专业、业务简历、资格证书
资信证明	会计师事务所出具的各投资者的验资报告或资产负债表、损益表
投资者出资协议	
股东会委派书	
法定代表人简历	
资格证书和批文	投资者进出口企业资格证书或货运代理企业批准证书复印件
证明文件	营业场所证明或房屋租赁协议
核准函	企业名称预先核准函（影印件，工商行政管理部门出具）
申请表	国际货运代理企业申请表1
交易条款	

3. 国际货运代理企业备案

根据我国关于企业设立的有关法律、法规和商务部《管理规定》的规定，任何在国家工商行政管理部门注册登记的企业，通过备案后就可以取得国际货运代理资格。

商务部是全国国际货运代理企业备案工作的主管部门，备案工作实行全国联网和属地化管理。商务部委托符合条件的地方商务主管部门负责办理本地区国际货运代理企业备案手续。国际货运代理企业备案流程如表1-13所示。

表1-13　国际货运代理企业备案流程

程　序	工 作 内 容
领取备案表	通过商务部政府网站（http://www.mofcom.gov.cn）下载，或到所在地备案机关领取备案表
填写备案表	按备案表要求认真填写所有事项的信息，并确保所填写内容完整、准确和真实；同时认真阅读备案表背面的条款，并由法定代表人签字、盖章
提交材料	填写的备案表、营业执照复印件、组织机构代码证书复印件
备案机关审批	备案机关自收到所提交的材料之日起5日内对备案材料进行审核，审核通过后在备案表上加盖备案印章，上报商务部备案
领取证书	审批通过后，企业到中国国际货运代理协会领取中华人民共和国货物运输代理企业批准证书

另外，国际货运代理企业在开展报关、报检业务之前，还需到海关和商检机构办理注册登记手续。

国际货运代理企业发生变更时，必须在30日内及时办理有关变更手续，逾期未办理变更手续的，其备案表自动失效。国际货运代理企业已在工商部门办理注销手续或被吊销营业执照的，自营业执照注销或被吊销之日起，备案表自动失效。

以中外合资、中外合作及外商独资形式设立国际货运代理企业的，按《外商投资国际货物运输代理企业管理办法》有关规定办理备案。

三、国际货运代理企业年审与换证

根据《实施细则》第四章的有关规定，国际货运代理企业实行年审制度，商务部是国际货运代理企业年审、换证的主管部门，负责国务院部门在京直属企业的年审及全国国际货运代理企业的换证工作。地方商务主管部门负责本行政区域内国际货运代理企业（含国务院部门直属企业及异地企业设立的子公司、分支机构）的年审工作。

1. 年审

国际货运代理企业于每年3月底前向其所在地地方商务主管部门（国务院部门在京直属企业直接向商务部）报送年审登记表（附录三）、验资报告及营业执照（影印件），申请办理年审。企业年审合格后，由行业主管部门在其批准证书上加盖年审合格章。地方商务主管部门进行审查核实后，报送商务部一份备案。

年审工作的重点是审查企业的经营及遵守执行《管理规定》和其他有关法律、法规、规章情况。如查出企业有不公布收费标准、接受非法代理提供的货物等不规范经营行为和违反国家有关法规者，地方商务主管部门要提出处理意见，上报商务部。

年审时间是每年的1月1日～3月31日。年审需要提交的材料包括：①年审登记表；②企业年度的审计报告或资产负债表、损益表；③企业工商营业执照有效复印件；④取得国际货运运输代理资格证书的职工名单。

2. 换证

取得国际货运代理资格企业的批准证书有效期为3年。企业连续3年年审合格，地方商务主管部门应当于批准证书有效期届满的30天前报送商务部，申请换领批准证书。换证的企业必须在批准证书有效期届满的 60 天前，向地方商务主管部门申请换证。企业申请换领批准证书应当报送下列文件：①申请换证登记表（附表 4）；②批准证书（正本）；③营业执照（影印件）。

行业主管部门在国际货运代理企业申请换证时，应当对其经营资格及经营情况进行审核，有下列情形之一的，不予换发批准证书：①未按规定办理年审或年审未通过；②不按时办理换证手续；③私自进行股权转让；④擅自变更企业名称、营业场所、注册资本等主要事项而不按有关规定办理报备手续。

企业因自身原因逾期未申请换领批准证书，其从事国际货运代理业务的资格自批准证书有效期届满时自动丧失。商务部将对上述情况予以公布。工商行政管理部门对上述企业予以注销或责令其办理经营范围变更手续。丧失国际货运代理业务经营资格的企业如欲继续从事该项业务，应当依照有关规定程序重新申报。

四、国际货运代理行业组织及资格证书

1. 国际货运代理人及其行业组织

国际货运代理协会联合会（也译作菲亚塔）于 1926 年 5 月 31 日在奥地利维也纳成立，总部设在瑞士苏黎世，是一个非营利性的国际货运代理行业组织，其目的是保障和提高货运代理在全球的利益。它被联合国及许多政府组织、权威机构和非政府的国际组织，如国际商会、国际航空运输协会、国际铁路联合会、国际公路运输联合会、世界海关组织等一致公认为国际货运代理行业的代表。

2. 中国国际货运代理协会

中国国际货运代理协会（China International Freight Forwarders Association，CIFA）是国际货运代理行业的全国性中介组织，于 2000 年 9 月 6 日在北京成立，是我国各省、市、自治区国际货运代理行业组织、国际货运代理企业、与货运代理相关的企事业单位自愿参加的社会团体，亦吸纳在中国货代、运输、物流行业有较高影响的个人。目前 CIFA 拥有会员近 700 家，其中理事会成员有 89 家。CIFA 的业务指导部门是商务部。

3. 国际货运代理职业资格证书

国际货运代理资格证书在国内有两种：一种是 CIFA 颁发认证的国际货运代理从业人员岗位专业证书；另一种是国际货运代理协会联合会颁发认证的菲亚塔国际货运代理资格证书及国际货运代理协会联合会国际货运代理资格证书。

本节知识要点检查与思考

1）国际货运代理企业有哪几种分类？各类企业有什么特点？

2）开立一家国际货运代理企业须具备什么样的条件？

3）为什么国际货运代理企业要进行备案？办理备案需要做些什么？

4）如何办理国际货运代理企业的年审与换证工作？

第四节　国际货运代理行为规范

案例导入

工作了一段时间，小王一直在思考要成为一名合格的国际货运代理从业人员应该具备什么样的条件。小王向业务部经理请教："李经理，您认为什么样的员工才能成为一名合格的国际货运代理从业人员？"李经理想了想，回答了他的提问。

本节任务

用自己的语言以李经理的口吻向小王解释如何成为一名合格的国际货运代理从业人员。

一、国际货运代理企业的行为规范

1. 依法经营

1）国际货运代理企业应在营业执照列明的经营地和经营范围内从事经营活动，并按照有关法律、法规的规定，向有关主管部门办理批准、登记和注册手续。

2）国际货运代理企业与进出口收发货人签订书面协议，可以使用 CIFA 制定的国际货运代理标准交易条款，也可以自行制定，但须经商务部核定。

3）国际货运代理企业之间可以互相委托办理全部或部分国际货运代理业务。

4）国际货运代理企业不得将规定范围内的注册资本挪作他用，不得转让国际货运代理经营权，不得发布虚假广告、分享佣金、退返回扣或从事其他非法业务，不得出借提单。

2. 按章收费

国际货运代理企业应当依照国家有关规定确定收费标准，并在营业地点公布收费标准，必须使用税务机关核准的发票。

3. 提供优质服务

国际货运代理企业应遵循"安全、迅速、准确、节省、方便"的经营方针，接受进出口货物收货人、发货人的委托，签订书面协议，提供优质服务。

4. 按时申报

国际货运代理企业应在每年3月底前向所在省、自治区、直辖市和经济特区的商务主管部门报送上一年度的业务经营情况资料和业务统计报表，并对其真实性负责。如从事台湾海峡两岸的货运代理业务，还必须于每月3日前向所在省、自治区、直辖市和经济特区人民政府商务主管部门报送业务统计报表。

二、国际货运代理企业从业人员的行为规范

1. 职业基本素质

（1）遵纪守法

国际货运代理企业从业人员必须自觉遵守国家各项有关商务法律、法规，严格遵守国

家商业机密，做到知法、懂法和用法。必须自觉遵守国际货运代理企业的各项规章制度，忠于职守、廉洁自律、积极开拓、锐意进取。

（2）良好礼仪

国际货运代理企业从业人员要遵时守约，与人见面时要行礼，遇到女士时要礼让女士，接电话时要问候来电者。

2. 知识结构

（1）基础知识

国际货运代理企业从业人员须具备一定的文化知识，善于运用语言与客户进行沟通和交谈，有较强的口头表达能力，并能利用计算机和网络收发信息，处理文档和表格。

（2）专业知识

国际货运代理企业从业人员须熟悉国际贸易业务、市场营销和国际金融等方面的专业知识；了解各种运输方式、商检和报关等方面的业务流程；了解国际航线、港口、船舶等形状及特点，做到知线、知港、知船；具有一定的专业英语基础，能用英语阅读有关的运输单据，并能独立地进行有关商务活动。

3. 业务能力

（1）市场调研预测能力

国际货运代理企业从业人员能够运用市场和消费心理学知识及统计分析方法，进行产品和市场分析，掌握市场调查的实施、调查资料的整理、数据统计和撰写报告，对市场进行预测，进行产品营销和市场策划。

（2）推销能力

国际货运代理企业从业人员在推销过程中，应首先与客户打招呼，引起客户重视，要注意称呼得体；推销产品时，要正确评价产品的功能、价值和质量，注意把握分寸；推销产品时，能使用适当的语言激发客户的需要，使客户产生购买欲望；要尊重客户，满足客户的自尊需要；推销产品时，宜言简意赅，突出重点；道别时，不要忘记对客户说声"谢谢"。

（3）综合业务能力

国际货运代理企业从业人员须了解普通货物、集装箱货物和特种货物对运输的要求；了解运价市场，对不同的承运人、不同的运输方式和不同的运输线路进行比价，以减少运费支出，为货主精打细算、节约费用；了解本公司、码头、船公司、报检和报关业务流程，准确填制各种运输单据，正确核算成本和汇率换算，以及处理各种争议等综合业务能力。

三、国际货运代理人作为独立经营人的权利、义务与责任

国际货运代理作为纯粹的代理人从事货代业务，其法律地位就是代理人，其行为就是代理。国际货运代理人可能以两种身份出现：一是作为客户（收货人或发货人）的代理人；二是作为契约当事人。由于这两种法律地位的不同，导致其权利、义务、法律责任有着巨大的差异。作为代理人，货运代理只收取佣金，实际上只是提供代理服务，其法律行为的后果由客户承担，其业务活动产生的风险相对较小。作为契约的当事人，货运代理收取差价，但却是"背对背"两个合同的当事人，其义务的完全履行往往要靠另一方当事人（或者是货主或者是实际承运人），所以，在这种情况下，货运代理要面临巨大的风险。因此，国际

货运代理人在业务活动中应明确自己处于什么样的法律地位，应当承担什么样的责任，并应根据法律的规定力争规避风险，或采取措施减少风险。

在很多实际业务中，众多的货运代理企业中大量存在着由于业务人员对本行业的法律性质不够了解，对国际货运代理人的权利、义务不清楚，而导致具体操作上的失误；或者由于在揽货过程中自己的言行，导致货主对自身法律地位的误解，而使企业承担了本不应该承担的义务和责任，甚至给企业造成重大损失的现象。国际货运代理人作为独立经营人的权利、义务与责任如表1-14所示。

表1-14　国际货运代理作为独立经营人的权利、义务与责任

权　利	义　务	责　任
以委托人名义处理委托事务	按照指示处理委托事务	因过错而给委托人造成的赔偿责任
在授权范围内自主处理委托事务	亲自处理委托事务	与第三人串通损害委托人利益的，与第三人承担连带赔偿责任
要求委托人提交待运输货物和相关运输单证、文件资料	向委托人报告委托事务处理情况	明知委托事项违法的，与委托人承担连带责任
要求委托人预付、偿还处理委托事务费用	对委托人、第三人提供的信息保密	擅自将委托事项转委托他人，应对转委托的行为向委托人承担责任
要求委托人支付服务报酬	向委托人转交财产	无权代理，对委托人不发生效力，自行承担责任
要求委托人承担代理行为后果	协助、保密	
要求委托人赔偿损失		
解除委托代理合同。可随时解除，但应赔偿损失		

四、国际货运代理企业的身份、风险与防范

随着全球经济一体化的加速，以及我国对外贸易的快速增长，国际货运代理业在我国得到了迅速发展。据最新统计，我国各类国际货代企业（含合资、外资在华办事处）已有9 000多家。大量货代公司的不断涌入，一方面促进了我国对外贸易的迅速发展，另一方面也使得货代行业的竞争加剧，利润越来越薄，风险却越来越大。但是机遇与挑战并存，利润与风险同在，货运代理人不可避免地会遇到一系列风险，如何积极地采取有效的对策避免和降低风险，值得关注。

1. 国际货运代理企业的身份

《管理规定》将国际货运代理业定义为接受进出口货物收货人、发货人的委托，以委托人的名义或者以自己的名义，为委托人办理国际货物运输及相关业务并收取服务报酬的行业。《实施细则》规定，国际货运代理企业可以作为进出口货物收货人、发货人的代理人，也可以作为独立经营人，从事国际货运代理业务。国际货运代理企业的身份定位如表1-15所示。

表1-15　国际货运代理企业身份定位

序　号	代理人身份	服务内容
1	传统意义上的货运代理人	作为代理人，提供货物运输、转运、仓储、保险及与货物运输有关的各种业务服务
2	作为独立经营人	作为契约承运人，参与货物的部分运输或全部运输
3	作为国际多式联运经营人	以当事人的身份向托运人签发联运单证，负责货物的全程运输
4	作为现代物流业务的开拓者和经营人	充当物流经营人，业务范围扩大至从商品出运的起点到消费商的所有中间环节

2. 国际货运代理企业的风险与防范

近年来，为了竞争和发展的需要，货代企业除了以货主的委托代理人身份办理有关货物的运输手续外，还常基于现实需要行契约承运人或无船承运人之事，以承运人的身份出现，且不排除在一单业务的不同阶段，货代企业具有不同身份的可能性。例如，货运代理企业在储货、报关、验收等环节是代理人，同时又签发提单，证明其在运输环节是承运人。一方面，这是商业实践的结果，体现了货代行业生存发展的必然趋势；另一方面，从法律上讲，这种身份的变化或者多样性使其产生不同的法律地位，权利、义务与法律责任自然也相应变动。在诉讼中，货代企业身份的识别，即法律地位的确认，往往成为决定其胜败的关键。国际货运代理企业的具体风险、成因与防范措施如表1-16所示。

表1-16 国际货运代理企业的风险、成因与防范措施

风险类别	风险成因	事项示例	防范措施
身份定位不清	混淆托运人、代理人、独立经营人的概念	在代理过程中不是向货主收取代理佣金而是收取运费；以自己名义与堆场、报关行、其他运输公司签订有关委托协议	严格界定代理身份，防止越俎代庖。在所有的代理协议和委托协议中明确界定自己的身份和法律地位，缩小责任范围
滥用代理地位和权限或未尽代理职责	未征得托运人的许可而行事，或选择承运人不当	甩柜或更改装运日期，没有取得全套正本提单或仅取得提单的传真件，等等	恪尽代理职责。严格按照货主的指示进行操作并遵守海上货物运输的惯例，尤其注意：选择有无船承运人资格的企业或具有合法资质的实际承运人，并一定要保证取得全套正本提单
无单放货	保函操作不规范，责任心不强或保函保管不严	为货主出具盖货代企业公章的保函或在货主出具的保函上加盖货代企业公章	审慎出具保函，完善合同条款，转移风险，对必须出具保函的情形，应事先取得货主承担责任的书面承诺，以备追偿
频繁长期垫付运费	货主逾期拖欠，诉讼成本	货代企业经常垫付数额不大的运费，但有少部分货主逾期拖欠	尽量不垫付运费并在相关协议中约定违约责任。确须垫付的，应在代理协议中约定逾期支付或返还所垫付运费的违约责任，以约束货主违约
员工频繁跳槽，客户流失	薪酬太低，或对工作环境不满意	由于《中华人民共和国劳动合同法》规定员工辞职基本不向企业支付违约金，这种情况有加剧的趋势	在劳动合同中约定保密条款并对员工进行竞业限制
随意担保	处于对货主的信任，或贪图省事，或为了体现自己的优质服务	为货主随意垫付保金或出具保函	加强专业学习，提高风险防范意识
货主欺诈	不知或为图利益	货主为逃避海关监管、偷逃关税而采取的欺诈行为，如危险品的申报，虚报、假报货物名称或数量等	加强专业学习，提高风险防范意识

本节知识要点检查与思考

1）国际货运代理企业如何做到依法经营？

2）作为一名合格的国际货运代理从业人员，应该具备哪些业务能力？

3）国际货运代理人作为独立经营人，有哪些权利和义务？

4）如何防范国际货运代理企业的风险？

第二章

>>>>>>>

国际贸易基础知识

本章学习任务

1）能用自己的话说出国际贸易与对外贸易的含义。

2）了解国际贸易的分类。

3）掌握国际贸易进出口业务流程。

4）理解贸易术语并能正确使用。

第一节 国际贸易基本概念

小王在审核一份出口报关单时,在"免征性质"一栏发现填写的是"来料加工"字样,觉得非常奇怪。于是小王就向业务经理请教,问道:"李经理,你看这里,'免征性质'栏目项下填的是'来料加工',而上次我看到的是'一般征税'。'来料加工'不就是'三来一补'的贸易方式之一吗?"李经理回答:"是的,也就是加工贸易的一种方式。"小王又问道:"啊,国际贸易的方式还有这么多的说法呀!李经理,您能否给我说说国际贸易的分类?"

本节任务

用自己的语言以李经理的口吻向小王解释一下国际贸易是如何分类的。

国际贸易(International Trade)作为世界各国联结社会生产和社会消费的桥梁和纽带,尤其是在联结国内生产与国外消费和国外生产与国内消费方面处于特殊的地位。因此,掌握国际贸易的基本知识与基本技能,熟悉通行的国际贸易规则和惯例等,对于国际货运代理企业的从业人员来说,是应该具有的专业知识和专业技能。

一、国际贸易与对外贸易的概念

1. 国际贸易

国际贸易(又称世界贸易)是指世界各国(或地区)之间所进行的以货币为媒介的商品交换活动。它既包含有形产品(实物产品)交换,也包含无形产品(劳务、技术、咨询等)交换。

2. 对外贸易

对外贸易(Foreign Trade,又称进出口贸易)是指国际贸易活动中的一国(或地区)同其他国家(或地区)所进行的产品、劳务、技术等的交换活动,这是立足于一个国家或地区看待它与其他国家或地区的产品与劳务的贸易活动。某些海岛国家(如日本等国)或某些海岛地区(如我国台湾)等的对外贸易则被称为海外贸易。

二、国际贸易的产生与发展

1. 国际贸易产生的条件

国际贸易属于一定的历史范畴,它是在一定的历史条件下产生和发展起来的。它的产生必须具备两个基本条件:一是社会生产力的发展产生了可供交换的剩余产品,以及由此促进商品生产与商品交换规模的扩大;二是国家的形成。

2. 国际贸易的发展过程

在人类原始社会初期,由于社会生产力水平极为低下,人类劳动所得的产品仅能维持当时的氏族公社成员最基本的生存需要，没有剩余产品可以用作交换。到了原始社会末期，由于社会生产力的发展，出现了以高级部落从其他部落分离出来为标志的人类社会的第一次大分工。高级部落专门从事较高水平的驯养和繁殖，不仅能维持本部落的基本需求，还有了部分剩余产品，于是产生了部落与部落之间的交换，也就是两个或两个以上政治实体进行的物的交换，这就是初级对外产品交换。人类社会的第二次大分工是手工业从农业中分离出来，于是也就出现了以交换为目的的商品生产。商品生产的发展和产品交换的扩大，产生了货币，商品交换逐渐变成了以货币为媒介的商品流通。随着商品生产的发展和商品交换规模的扩大，便产生了专门从事贸易的商人和商品，这就是发生在奴隶社会末期的人类社会的第三次大分工。当这种商品流通的规模扩大到封建社会初期已形成了国家的界限时，就产生了对外贸易。由此可见，社会生产力和社会分工发展引起的商品生产和商品交换的扩大、商人和商品资本的出现及国家的形成，是国际贸易产生的不可缺少的必要条件。

三、国际贸易的分类

国际贸易活动种类繁多，性质复杂。从不同角度进行科学分类，是认识和研究国际贸易非常重要的基础工作。对国际贸易可从 8 个方面进行分类，如表 2-1 所示。

表2-1　国际贸易的分类

划分标准	贸易类型	类型含义
商品（含各种劳动）的移动方向	出口贸易	将本国所生产或加工的商品（包括劳务）输往国外市场进行销售的商品交换活动
	进口贸易	将外国商品（包括劳务）购买后，输入本国市场进行销售的贸易活动
	转口贸易	商品生产国与商品消费国不直接买卖商品，而是通过第三国进行商品买卖
	国境贸易	商品生产国与商品消费国之间进行的商品买卖活动，其货物运输过程必须要通过第三国的国境
	复出口贸易	对外国商品买进后未经加工又输出到国外的贸易活动
	复进口贸易	本国商品出口后，在国外未经过加工又重新输入本国国内的贸易活动
贸易政策	自由贸易	国家的外贸政策中，不干涉国家间贸易往来，既不对进出口贸易活动设置种种障碍，也不给予各种优待，而是鼓励和提倡市场交易时的自由竞争行为
	保护贸易	国家的外贸政策中，广泛地使用各种措施保护本国的国内市场免受外国企业和商品的竞争，主要是控制各种外国商品的进口；同时，对本国的出口商所从事的出口本国商品的活动给予各种优惠甚至补贴，鼓励其出口（即关税政策）
	统制贸易	一些国家设置专门机构，利用其政权力量，统一组织和管理一切对外贸易活动的行为
国境与关境	总贸易	以国境为标准划分进口与出口的一种统计方法，包括总进口贸易和总出口贸易。 总进口贸易：凡是进入一国国境的商品一律列入总进口，包括进口后供国内消费的部分和进口后成为转口或过境的部分。 总出口贸易：凡是离开一国国境的商品一律列入总出口，包括本国产品的出口、外国商品复出口及转口或过境的部分。 总进口额加总出口额构成总贸易额
	专门贸易	以关境作为划分进口和出口标准的统计方法，包括专门进口贸易和专门出口贸易。 专门进口贸易：外国商品进入关境并向海关缴纳关税由海关放行后才能称为专门进口。 专门出口贸易：从国内出关境的本国产品及进口后经加工又运出关境的复出口商品。 专门进口额加专门出口额构成一国的专门贸易总额
商品形式	有形商品贸易	在进出口贸易中进行的实物商品的交易，因为这些实物商品看得见、摸得着，故称为有形贸易，也叫商品贸易
	无形商品贸易	在国际贸易活动中所进行的所有物质、非物质形态的商品贸易，主要是指劳务、技术、旅游、运输、金融、保险等无形贸易通常不办理海关手续，在海关的进出口统计中反映不出来，而在国防收支中反映出来，是国际收支的重要组成部分

续表

划分方法	贸易类型	类型含义
贸易关系	直接贸易	商品生产国与商品消费国不通过第三国而直接买卖商品的经营行为。直接贸易的双方直接谈判、直接签约、直接结算，货物直接运输
	间接贸易	商品生产国与商品消费国通过第三国所进行的商品买卖行为。此类贸易因为各种原因，出口国与进口国之间不能直接进行洽谈、签约和结算，必须借助于第三国的参与
参与贸易国家数量	双边贸易	两国参加，双方贸易是以相互出口和相互进口为基础进行的，贸易支付在双边贸易基础上进行结算，自行进行外汇平衡。这类方式多适用于外汇管制的国家
	三角贸易	在3个国家之间相互出口和相互进口，并进行合理搭配，以实现外汇平衡的一种方式。此方式往往因为双方在交易时出现商品适销不对路，或者因为进出口不能平衡造成外汇支付困难，而把交易活动扩大到第三国
	多边贸易	3个或3个以上的国家，为求相互间的收支在整体上获得平衡，通过协议在多边结算的基础上所进行的贸易，又称多角贸易。其产生往往是由于两国间彼此供应的商品不对路或价格不相当，以致进出口不能平衡，外汇收支发生困难，需要第三国或更多的国家参加协议，建立三国或多国贸易，以使彼此间的进出口达到基本平衡
清偿方式	现汇贸易	以现汇的结算方式进行交易的贸易。由于现汇在运用上灵活、广泛，可以自由地换取其他货币，所以该方式是目前国际贸易活动中最普通的一种。其特色是银行逐步支付货物款项，以结清债权、债务，结算方式以信用证为主，辅以托收和汇票等方式
	记账贸易	两国政府间同时签订贸易协定或贸易支付协定，按日记账方法进行结算的贸易。其特点是每年年终进行结算，差额部分用商定的货币偿还，或转入下一年度。通常双方规定一个限额限度，当一方结欠超过限额时，另一方可以停止交货，或者催促对方加速交货
	易货贸易	商品交易的双方依据相互间签订的贸易协定或贸易合同，以货物经过计价作为结算方式，互相交换货物的一种交易行为。此种方式比较适用于那些外汇不足或因其他各种原因无法以自由的结汇方式进行相互交易的国家
交易方式的性质	商品贸易	以商品买卖为目的的纯商品方式所进行的贸易活动。此种性质的交易方式又包含着一些具体的交易方式，如经销（总经销、独家经销、一般经销）、代理（总代理、独家代理、一般代理）、寄售、拍卖、投标及展卖等
	加工贸易	利用本国的人力、物力或技术优势，从国外输入原材料、半成品、样品或图纸，在本国内加工制造或装配成成品后再向国外输出，以生产加工性质为主的一种贸易方式。又可分为来料加工、来样加工和来件装配
	补偿贸易	参与两国间贸易的双方，一方是利用对方提供的贷款购进机器、设备或其他技术，或者是利用对方提供的机器、设备或技术进行生产和加工活动，待一定时期后，该方用该项目下的产品或其他产品，或者产品销售后的收入，偿还对方的贷款或设备、技术款项的一种贸易方式。此种方式对解决买方的资金暂时不足，对帮助卖方推销商品均有一定的作用
	租赁贸易	由租赁公司以租赁方式将商品出租给国外用户使用，国外用户不交付商品货款而交付商品租金的一种交易方式，因而也称租赁款。这种贸易方式的特点：出租的商品一般都是价格较为昂贵的设备或交通工具等；租赁公司享有该商品的所有权，并可按期收回稳定的资金；租户可避免积压大量的设备资金，并可及时更新、使用更新的技术。此种方式在国际贸易活动中发展迅速，并逐渐发展至租购结合，即先租，到一定时期后，该商品所有权到时为租户所有，变成了买卖关系

四、国际贸易的作用

国际贸易的作用表现在以下4个方面。

1. 国际贸易是世界各国参与国际分工、社会再生产顺利进行的重要手段

由于各国的自然条件、生产力水平、经济结构、科学技术水平及管理水平等方面的差异，以及历史和社会等多方面的原因，一些国家生产某些商品的条件不利，劳动耗费较多。通过

参与国际分工，各国可以更充分地利用各国的生产力优势、资金优势及资源优势，发展那些本国条件相对优越的产品部门，从而节约社会劳动时间，促进本国经济的增长。通过积极发展对外贸易，输出那些本国可以生产的、多余的和闲置的物资，购入本国欠缺和急需的不能生产的物资，通过这样的调剂余缺，可以解决社会生产和社会消费需求上的供求矛盾，使本国的资源得到充分的利用，使本国的各类需求得到满足，保证本国的社会再生产得以顺利进行。

2. 国际贸易是各国间进行新技术交流的重要途径

由于现代科学技术涉及的领域和规模越来越大，科学技术发展所涉及的领域越来越多，研究设计工作越来越复杂，导致任何国家无论其经济实力和科技水平多高，都不可能在一切科学技术和生产工艺的领域内保持全面的领先地位。如果不吸收别国的先进技术，只埋头从事自己的科学研究，势必造成重复的研究，影响科学技术发展的速度。此外，在现代科学技术条件下，各国研究和设计工作的费用不断上升，科学技术越向尖端发展，研究开发费用就越高，这些都促使各国之间需要积极进行国家技术交流和技术贸易。

3. 国际贸易是各国增加财政收入和劳动就业的重要渠道

国家贸易对于提高一国的财政收入，其作用表现在两个方面：一方面，通过国际分工，商品交换可以使各国节约一定的社会劳动耗费，也可以让各国利用引进的技术、设备发展本国的工农业生产，提高社会劳动生产率，节约原材料耗费，创造更多的产值，从而间接地增加一国的财政收入；另一方面，通过对外贸易，各国从事进出口业务的企业上交国家各种税收及国家征收的关税可以直接增加一国的财政收入，尤其是能增加国家经济建设与发展过程中急需的外汇收入。

解决劳动力就业问题，是当前困扰着许多国家的一个尖锐问题。为此，许多国家把发展对外贸易当作解决劳动力就业的一个重要渠道。由于对从事对外贸易业务的人员有较高的素质要求，目前直接解决就业问题尚受一定的限制。但是，一个国家通过发展对外贸易间接提供就业机会是相当多的。

4. 国际贸易是各国进行政治、外交斗争的重要工具

通过对外贸易维护本国的国家利益及本国统治集团的利益，维护本国的社会经济制度；通过对外贸易建立国际或地区间的经济贸易团体，以增强国际政治斗争和国际经济斗争中的抗衡力量；通过对外贸易制裁那些违背国际法规、违背《联合国宪章》、实行民族歧视的国家；通过对外贸易改善国家间的政治外交关系，改善国际经济环境，为本国经济发展创造良好的外部条件。

本节知识要点检查与思考

1）国际贸易与对外贸易的含义是什么？

2）国际贸易产生的条件是什么？

3）国际贸易是如何进行分类的？

4）国际贸易的作用是什么？

第二节 国际贸易流程

案例导入

小王在公司兼职将近一个月，他接触的单据主要是与出口贸易有关的，但对于有关进口贸易的单据接触得不多。一天，业务部李经理关切地问小王："小王，近来对国际贸易进出口的情况还熟悉吗？"小王回答道："最近我接触的都是出口贸易单据，进口贸易的单据看得还不多。李经理，您能不能给我讲讲国际贸易进口业务的情况？"

本节任务

用自己的语言以经理的口吻向小王解释一下国际贸易进口业务的流程。

国际贸易分为出口贸易和进口贸易两种，进出口贸易业务流程如图2-1所示。

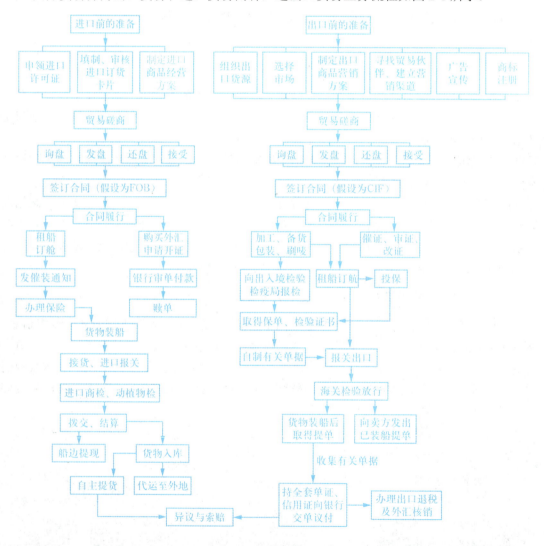

图2-1 进出口贸易业务流程

一、进口贸易业务流程

国际贸易进口业务分 3 个阶段进行，即进口前的准备阶段、贸易磋商阶段和合同履行阶段。进口贸易业务主要流程为询价（又叫询盘）、洽谈、签约、开证、报关、付款、提货。详细流程如表 2-2 所示。

表2-2　进口贸易业务流程

贸易阶段	业务项目	函电或单据	说　明
进口前的准备	对国内外市场的调查研究	调研报告	包括商品价格变化趋势和供应商资信
	进口成本核算	成本核算表	
	进口货物许可证的申领	进出口经营资格证书、备案登记表或外商投资企业批准证书；自动进口许可证申请表；货物进口合同（正本复印件）；属于委托代理进口的，应提交委托代理进口协议（正本复印件）；进口经营者公函（介绍信）原件；进口经营者领证人员的有效身份证明；其他材料	商务部批准，许可证有效期1年
	购买外汇		到外汇管理局办理进口购汇和出口核销的登记备案手续
	委托代理进口	签订进口代理协议	如果自己有进出口权，则自己报关
	选择进口商品和交易对象		确定新老供货商对象
贸易磋商	询价	询价函	口头或书面形式
	洽谈	还盘信函（可能还有再还盘信函），订单	有时需要卖方寄样品、形式发票
	签订外贸合同	签订购货合同或购货确认书，或者是销售合同或销售确认书	老客户有时就以订单或者形式发票代替买卖合同
合同履行	信用证的开立（和修改）	信用证申请、信用证（改证函、改证申请、修改后的信用证）	若用T/T付款，先付30%定金，发货取得提单后，再支付70%的余款
	委托装运	货运委托书	委托在出口地的货代负责货物装运；老客户则委托出口方代为订舱
	装运前验货	验货标准	有时进口商自己前往验货；有时要求出口商寄出货样品（Shipping Sample）
	索要商检证书	信函、商检证书	商检证书由出口方提供
	运输和保险	提单副本、投保单、保险单	FOB进口商投保，也可委托其指定的货代投保
	审单和付款	进口信用证付汇情况表	收到货运单据之后进行审核，无误后银行赎单
	进口报关纳税	报关单，随附进口合同、进口发票、装箱单、海运提单、提货单（正本海运提单背书）、各种进口许可证	自己有报关员，自己办理报关、纳税手续；没有报关员，可以委托报关行或货代办理
	进口商品检验	报检单（随附商业发票、装箱单、合同副本等），商检证书	有些商品进口也需要检验，可自行报检，也可委托货代办理
	提货离岸	提货单	可自行提货，也可委托货代办理
	外汇核销	进口到货核销表、贸易进口付汇核销单、进口付汇备案表（如需）、贸易进口货物报关单核销专用联及其他相应单证	货物进口报关后1个月内到外汇局办理核销报审手续。交易结束，合同归档。若收货后发现有问题，进入索赔与理赔阶段

二、出口贸易业务流程

国际贸易出口业务分3个阶段进行，即出口前的准备阶段、贸易磋商阶段和合同履行阶段。出口贸易业务流程主要包括报价（又叫报盘）、订货、备货、包装、订舱、报检、报关、装船、提单、交单、结汇。详细流程如表2-3所示。

表2-3 出口贸易业务流程

贸易阶段	业务项目	函电或单据	说明
出口前的准备	国际商务信息的收集与整理		确定出口商品和新老客户对象，拖车与海运费用、码头费用、报关报检费用、保险费率、外汇汇率等
	对国际市场的调查研究	调研报告	包括商品价格变化趋势和进口商资信
	落实出口货源	厂商人民币报价单	与厂商联系
	出口商品经营方案的制定	经营方案、FOB美元报价单	应熟知世界货运港口、了解保险费率
	建立业务关系	促销函	发给新客户；若为新产品，也可以发给老客户
	经贸洽谈人员的选派与洽谈内容的确定		若是参加交易会等，须选派洽谈人员；平时指定业务员
	出口商品的广告宣传	产品说明书、产品小册子、媒体广告	交易会上必备产品说明书、产品小册子等
	出口商品的商标注册与企业域名注册	注册商标申请书、企业域名注册申请书	向中国商标局申请备案，互联网域名注册（如国际域名网）
贸易磋商	报盘	报盘	口头或书面形式
	洽谈	还盘信函（可能还有再还盘信函）、订单	有时应买方请求寄样品、形式发票
	签订外贸合同	签订购货合同或购货确认书，或者是销售合同或销售确认书	老客户有时以订单或者形式发票作为买卖合同
合同履行	备货	购销合同	与生产商签订合同，跟单员下厂跟踪。电汇付款，收30%定金
	催证、审证、改证	催证函、改证函	进口商若未及时开证、催证，审证后有不符点或难以接受的条款，改正
	申请领取出口许可证	信用证申请、信用证（改证函、改证申请、修改后的信用证）	商务部批准
	申请原产地证书	注册（备案）登记，随附对外贸易经营者登记表、工商营业执照、组织机构代码证、原产地注册登记表、产品成本明细单	电子申报、中国国际贸易促进委员会批准
	办理托运手续	货运委托书，随附商业发票、装箱单、合同副本等	货代完成订舱（Booking Note）、租柜等
	投保	提单副本、投保单、保险单	FOB进口商投保，也可委托其指定的货代投保
	商检	报检单（随附商业发票、装箱单、合同副本等），商检证书	出入境检验检疫局办理。本地报关出口选"通关单"，异地报关出口选"换证凭单"
	报关、缴纳关税	报关单，随附进口合同、进口发票、装箱单、海运提单、提货单（正本海运提单背书）、各种进口许可证、通关单或换证凭单	自己有报关员，自己办理报关、纳税手续；没有报关员，可以委托报关行或货代办理

续表

贸 易 阶 段	业 务 项 目	函电或单据	说　　明
合同履行	装运，换取提单	集装箱装箱清单（Container Lood Plan，CLP）、场站收据（Dock Receipt，D/R）、提单、已装船通知	货代办理工厂装货、运至码头、装船后获得提单，向委托人收取费用，然后交单
	银行交单结汇	信用证及信用证项下货运单据	电汇付款，出口商收到提单后，通知进口商支付余款，然后快递货运单据
	退税	出口货物报关单（退税联）、生产企业出口货物"免、抵、退"税汇总申报表及电子数据、生产企业出口货物退税明细申报表及电子数据、生产企业增值税纳税情况汇总表及电子数据等	在当地主管退税的税务机关办理出口退税手续，之后，合同归档，贸易结束。若进口方收货后，发现有问题，进入索赔与理赔阶段

本节知识要点检查与思考

1）国际贸易进口业务与出口业务流程有何异同？

2）简述国际贸易进口业务流程。在进口业务流程中涉及哪些主要函电和单证？

3）简述国际贸易出口业务流程。在出口业务流程中涉及哪些主要函电和单证？

第三节　国际贸易价格术语

案例导入

小王在审核一份客户提交的托运单随附的商业发票，在"价格术语"一栏发现"DAT NEW YORK"字样，觉得非常奇怪。于是向业务经理请教："李经理，DAT 是什么价格术语？我们在学校还没学过呢。"李经理拿出一份文件，说道："这是《2010 年国际贸易术语解释通则》中的新规定，你拿这个回去看看就知道了。"

本节任务

用自己的语言向小王解释一下《2010 年国际贸易术语解释通则》中的 11 种贸易术语。

一、《2010年国际贸易术语解释通则》的宗旨和范围

1.《2010年国际贸易术语解释通则》的宗旨

《2010 年国际贸易术语解释通则》（International Rules for the Interpretation of Trade Terms 2010，Incoterms　2010）是国际商会根据国际货物贸易的发展，对《2000 年国际贸易术语解释通则》（13 种贸易术语）的修订，2010 年 9 月 27 日公布，于 2011 年 1 月 1 日实施。其宗旨是为国际贸易中最普遍使用的贸易术语提供一套解释的国际规则，以避免因各国不同解释而出现的不确定性，或至少在相当程度上减少这种不确定性。

2.《2010年国际贸易术语解释通则》的适用范围

修订后的《2010 年国际贸易术语解释通则》取消了"船舷"的概念，卖方承担货物装上船为止的一切风险，买方承担货物自装运港装上船后的一切风险。在 FAS、FOB、CFR

和 CIF 等术语中加入了货物在运输期间被多次买卖（连环贸易）的责任义务的划分。考虑到对于一些大的区域贸易集团内部贸易特点的规定，《2010 年国际贸易术语解释通则》不仅适用于国际销售合同，也适用于国内销售合同。

通常，国际贸易术语解释通则不涉及违约的后果或由于各种法律阻碍导致的免责事项，这些问题必须通过销售合同中的其他条款和适用的法律解决。

二、《2010 年国际贸易术语解释通则》中的贸易术语释义

《2010 年国际贸易术语解释通则》删去了《2000 年国际贸易术语解释通则》4 组（E 组、F 组、C 组和 D 组）13 种贸易术语中的 4 个术语：DAF（Delivered at Frontier，边境交货）、DES（Delivered Ex Ship，目的港船上交货）、DEQ（Delivered Ex Quay，目的港码头交货）、DDU（Delivered Duty Unpaid，未完税交货）。新增了两个术语：DAT（Delivered at Terminal，终端点交货）、DAP（Delivered at Place，目的地交货），即用 DAP 取代了 DAF、DES 和 DDU 3 个术语，DAT 取代了 DEQ，且扩展至适用于一切运输方式。11 种贸易术语解释如下。

1. EXW

EX Works（…named place of delivery），工厂交货（……指定地点）。该术语适用于任何一种或一种以上的运输方式，是指卖方于其营业处所或其他指定地（工场、工厂、仓库等）交由买方处置时，即属卖方交货完成。卖方无须将货物装上任何收货的运送工具，亦无须办理货物出口的通关手续。EXW 术语表示卖方最小责任。

2. FCA

Free Carrier（…named place of delivery），货交承运人（……指定地点）。该术语适用于任何一种或一种以上的运输方式，是指卖方于其营业处所或其他指定地，将货物交付买方指定的运送人或其他人，即卖方完成交货。当事人最好能够清晰地指定交货地点，风险在该地点由卖方转移给买方。

3. CPT

Carriage Paid to（…named place of destination），运费付至目的地（……指定目的港）。该术语适用于任何运输方式中一种或者多种，是指卖方于一约定地点，将货物交付卖方所指定的承运人或其他人，且卖方必须要订立运输契约并支付将货物运送至目的地所需的运费，货物在交付给承运人时就算完成交货任务，而不是运至目的地时。

4. CIP

Carriage and Insurance Paid to（…named place of destination），运费 / 保险费付至目的地（……指定目的地）。该术语适用于任何运输方式中一种或者一种以上，是指卖方于一约定地点（如双方有约定地点），将货物交付给卖方所指定的承运人或其他人，且卖方必须要订立运输和保险契约，承担将货物运送至目的地所需的运费。如双方没有约定，卖方仅需投保险别最低承保范围内的保险。同时如双方没有另外约定，货物以交付第一承运人时风险发生转移。

5. DAT

Delivered at Terminal（…named place of destination），目的地或目的港的集散站交货（……

指定目的港或目的地）。该术语适用于任何运输方式中的一种或以上，是指卖方在指定的目的港或目的地的指定的终点站卸货后，将货物交给买方处置即完成交货。"终点站"包括任何地方，无论约定或者不约定，包括码头、仓库、集装箱堆场或公路、铁路或空运货站。卖方应承担将货物运至指定的目的地和卸货所产生的一切风险和费用。

6. DAP

Delivered at Place（…named place of destination），目的地交货（……指定目的地）。该术语适用于任何运输方式中的一种或多种，是指在指定目的地将到达的运送工具上准备卸载的货物交由买方处置时，即属于卖方交货，卖方负担货物运至指定地的一切风险。当事人最好能清楚地列明约定目的地内的地点，因为至该地点的风险均由卖方承担。

7. DDP

Delivered Duty Paid（…named place of destination），完税后交货（……指定目的地）。该术语适用于任何运输方式中的一种或多种，是指在指定目的地将货物交给买方处置，并办理进口清关手续，准备好将在交货运输工具上的货物卸下交与买方，即完成交货。卖方承担将货物运至指定的目的地的一切风险和费用，并有义务办理出口清关手续与进口清关手续，对进出口活动负责，以及办理一切海关手续。DDP术语下卖方承担最大责任。

8. FAS

Free alongside Ship（…named port of shipment），装运港船边交货（……指定装运港）。该术语适用于海运或者内河运输，是指卖方将货物放置于指定装运港由买方指定的船舶边（如在码头或驳船上）时，即为卖方交货。当货物放置于该船边时，货物灭失或损毁的风险即转移，而买方自该点起负担一切费用。双方当事人最好能够明确装运港的装载地点，因为至该地点的费用及风险均由卖方承担，且这些费用及相关的处理费用，可能因为港口作业习惯而不同。

9. FOB

Free on Board（…named port of shipment），装运港船上交货（……指定装运港）。该术语适用于海运或者内河运输，是指卖方将货物放置于指定装运港由买方指定的船舶上，或购买已如此交付的货物即完成交货。当货物放置于该船舶上时，货物灭失或损毁的风险即转移,而买方自该点起负担一切费用。FOB术语不适合在装上船之前转移风险的情形。例如，在集装箱堆场交付，在该情形下应该采用FCA术语。

特别值得注意的是，FOB术语是对外贸易报价中的基础价格术语，因为出口商在与客户洽谈之前须制定报价表。在制作报价表时能够确定装运港，但无法预测目的港。

10. CFR

Cost and Freight（…named port of destination），成本加运费付至（……指定目的港）。该术语适用于海运或者内河运输，是指卖方交付货物于船舶之上或采购已如此交付的货物，而货物损毁或灭失的风险从货物转移至船舶之上起转移，卖方应当承担并支付必要的成本加运费以使货物运送至目的港。

11. CIF

Cost，Insurance and Freight（…named port of destination），成本、保险费加运费付至（……指定目的港）。该术语适用于海运或者内河运输，是指卖方将货物装上船或指（中间销售商）设法获取这样交付的商品。货物灭失或损坏的风险在货物于装运港装船时转移给买方。卖方须自行订立运输合同，支付将货物装运至指定目的港所需的运费和费用。

三、《2010年国际贸易术语解释通则》中的贸易术语比较

《2010年国际贸易术语解释通则》中的11种贸易术语，按照所适用的运输方式划分为两大类：一类是适用于任何运输方式的术语（7种），另一类是适用于水上运输方式的术语（4种）。11种贸易术语与交货地点比较如表2-4所示；11种贸易术语的风险转移界限与责任比较如表2-5所示。

表2-4 贸易术语与交货地点比较

分类	术语	英文全称	术语释名	术语随后地点	交货地点
适用于任何运输方式	EXW	Ex Works	工厂交货	指定地点	卖方所在地
	FCA	Free Carrier	货交承运人	指定地点	出口国内地、港口
	CPT	Carriage Paid to	运费付至目的地	指定目的港	出口国内地、港口
	CIP	Carriage and Insurance Paid to	运费/保险费付至目的地	指定目的地	出口国内地、港口
	DAT	Delivered at Terminal	目的地或目的港的集散站交货	指定目的港或目的地	进口国内地、港口
	DAP	Delivered at Place	目的地交货	指定目的地	进口国内地
	DDP	Delivered Duty Paid	完税后交货	指定目的地	进口国内
适用于水上运输方式	FAS	Free alongside ship	装运港船边交货	指定装运港	装运港
	FOB	Free on Board	装运港船上交货	指定装运港	装运港
	CFR	Cost and Freight	成本加运费	指定目的港	目的港
	CIF	Cost，Insurance and Freight	成本、保险费加运费	指定目的港	目的港

表2-5 贸易术语的风险转移界限与责任比较

分类	术语	风险转移界限	办理运输	办理投保	出口报关	进口报关
适用于任何运输方式	EXW	买方处置货物后	买方	买方	买方	买方
	FCA	承运人处置货物后	买方	买方	卖方	买方
	CPT	承运人处置货物后	卖方	买方	卖方	买方
	CIP	承运人处置货物后	卖方	卖方	卖方	买方
	DAT	买方处置货物后（货物已卸船）	卖方	买方委托卖方投保，承担风险与费用；卖方委托买方投保，承担风险与费用	卖方	买方
	DAP	卖方交给买方控制后（货物未卸船）	卖方	买方	卖方	买方
	DDP	买方处置货物后	卖方	买方	卖方	卖方
适用于水上运输方式	FAS	货交船边后	买方	买方	卖方	买方
	FOB	货物装上船	买方	买方	卖方	买方
	CFR	货物装上船	卖方	买方	卖方	买方
	CIF	货物装上船	卖方	卖方	卖方	买方

四、进出口商品的价格成本核算

对于进出口业务人员而言，掌握商品的价格是一项复杂而又十分艰巨的工作。为了做好这项工作，外经贸业务经营人员必须熟悉交易商品成本核算方法、主要贸易术语的价格构成和换算方法；了解作价方法和国际市场商品价格变动趋势，充分考虑影响价格的各种因素，合理地制定国际货物买卖合同中的价格条款。

1. 出口商品的价格成本核算

（1）出口商品总成本

出口商品总成本是指进出口企业为出口商品支付的国内总成本，由两个基本因素构成：进货成本和国内费用。可用公式表示为

$$出口商品总成本 = 进货成本 + 国内费用$$

对于外贸公司而言，进货成本就是工厂的人民币报价，而国内费用则包括：①加工整理费用；②包装费用；③保管费用（仓储/租、火险等）；④国内运输费用（仓库至码头）；⑤证件费用（包括商检费、公证费、领事签证费、产地证费、许可证费、保管费等）；⑥装船费（装船、起吊费和驳船费等）；⑦银行费用（贴现利息、手续费等）；⑧预计损耗（耗损、短损、漏损、破损、变质等）；⑨邮电费（电报、电话、电件、传真、电子邮件等费用）。

（2）出口商品价格计算

出口商品价格的计算以 FOB 为例，因为是进出口业务的核心价格，没有 FOB 价格，就没有 CFR、CIF 等其他价格。FOB 美元价的计算公式为

$$FOB 美元价 = \{\{1-[退税率/（1+增值税税率）]\} \times 人民币含税收购价$$
$$\times （1+利润率）+相关费用 \}/汇率$$

$$人民币含税收购价 = 出口商品总成本 \times （1+税收率）$$

（3）出口盈亏额与出口盈亏率

出口盈亏额是指出口商品销售的人民币净收入与出口商品总成本的差额。出口盈亏率是出口盈亏额与出口商品总成本的比例，用百分数表示。它是衡量出口盈亏程度的重要指标。其计算公式为

$$出口盈亏率 = （出口商品销售的人民币净收入-出口商品总成本）/$$
$$出口商品总成本 \times 100\%$$

【例题】某商品出口总成本为 50 000 元人民币，出口后外汇净收入为 10 000 美元，如果中国银行的外汇牌价为 100 美元折合 612 元人民币，请计算该商品的出口盈亏额及出口盈亏率。

题解：

$$出口盈亏额 = 61\,200 - 50\,000 = 11\,200 （元）$$
$$出口盈亏率 = 11\,200/50\,000 \times 100\% = 22.4\%$$

（4）FOB 与其他价格术语的换算

贸易术语有 11 种，这里仅以 FOB、CFR 和 CIF 这 3 种常用价格术语，以及含佣金价和含折扣价为例，进行换算：

$$FOB 价 = CFR 价-运费 = CIF 价-保险费-运费$$
$$保险费 = 发票金额 \times 投保加成率 \times 保险费率$$
$$CFR 价 = FOB 价+运费$$

$$CIF 价 = CFR 价 + 保险费 = FOB 价 + 保险费 + 运费$$
$$= CFR 价 / （1 - 投保加成率） × 保险费率$$

CIFC（含佣金价）= CIF 价 / （1 - 佣金率）（FOBC、CFRC 含佣金价公式相同）

CIFD（含折扣价）= CIF 价 / （1 - 折扣率）（FOBC、CFRC 含折扣价公式相同）

CIF 实价 = CIF 价 × （1 - 折扣率）（FOBC、CFRC 实价公式相同）

折扣金额 = CIF 价 × 折扣率 （FOBC、CFRC 折扣金额公式相同）

2. 进口商品的价格成本核算

（1）进口商品总成本

进口商品总成本是指进出口企业为进口商品支付的国内总成本，由两个基本因素构成：进口商品可接受价格和各项进口环节费用。可用公式表示为

进口商品总成本 = 进口商品可接受价格 + 进口环节费用

进口商品可接受价格，是对进口成交价格的一种预测。当以 CIF 条件成交时，进口商品可接受价格即以人民币价格估算的 CIF 价格；当以 FOB 条件成交时，进口商品可接受价格应加上从装运港到我国卸货港的运输费用和保险费用。

进口环节费用则包括以下内容：卸货费用、码头费用、驳船费用、码头仓租费用；进口关税、增值税等各种税费；进口商品查验费用和其他公证费用；银行手续费用、利息支出；报关提货费用；国内运费、保费、仓储费用；其他杂费。

（2）进口商品盈亏额和盈亏率

进口商品盈亏额是指进口商品的国内销售价格和进口商品总成本之间的差额。

进口商品盈亏率 = （国内销售价格 - 进口商品总成本）/ 进口商品总成本 × 100%

本节知识要点检查与思考

1）《2010年国际贸易术语解释通则》与《2000年国际贸易术语解释通则》有何异同？

2）由买方办理出口清关的贸易术语是哪些？为什么？

3）由卖方办理投保的贸易术语是哪些？为什么？

4）货物装船后，风险从卖方转移至买方的贸易术语是哪些？为什么？

5）如何计算FOB价？如何将FOB价转换成CIF价？

第四节　国际贸易结算方式

案例导入

小王在审核一份客户提交托运单随附的合同副本时，在"付款方式"一栏发现"BY T/T"字样，感觉与自己在学校里专业课中学到的付款方式使用方式有些不一样。于是小王就向业务经理请教，问道："李经理，这么大的一笔业务，怎么用电汇来付款。我们的专业老师说信用证付款比较安全。您能否给我解释哪些情况下用电汇或信用证？"李经理道："小王，你还真是好学呀。今天还有一个会要开，下次找时间给你说说。"

本节任务

用自己的语言以经理的口吻向小王解释一下电汇和信用证的使用场合。

国际贸易经常发生货款结算，以结清买卖之间的债权债务关系，这种结算称为国际贸易结算。国际贸易结算是以物品交易、货钱两清为基础的有形贸易结算。

一、国际贸易结算方式分类

国际贸易结算方式主要有汇付（Remittance）、托收（Collection）、信用证（Letter of Credit，L/C）三大类。目前，信用证是最普遍的一种付款方式，但在实际贸易中，还需综合考虑买方平时履约情况、贸易便利性等。如果能在发货前通过电汇收回全部货款，则电汇是最好的付款方式。此外，最近出现了一种新的国际贸易结算方式——保理（Factoring），有取代信用证之势。

1. 汇付

汇付又称汇款，是最简单的国际贸易货款结算方式。采用汇付方式结算货款时，买方将货物发运给对方后，有关货运单据由卖方自行寄送买方，而买方径自通过银行将货款交给卖方。汇付包括电汇（Telegraph Transfer，T/T）、信汇（Mail Transfer）、票汇（Bill of Exchange/Postal Order/Draft）。

（1）电汇

电汇是汇出行应申请人的申请，采用SWIFT（Society for Worldwide Interbank Financial Telecommunications，环球银行间金融电信协会）等电信手段将电汇付款委托书给汇入行，指示解付一定金额给收款人的一种汇款方式。电汇方式的优点是收款人可迅速收到汇款，但费用较高。

（2）信汇

信汇是指汇款人向当地银行交付本国货币，由银行开具付款委托书，用航空邮寄交国外分行或代理行，办理付出外汇业务。采用信汇方式，由于邮程需要的时间比电汇长，银行有机会利用这笔资金，所以信汇汇率低于电汇汇率。

（3）汇票

汇票是由出票人签发的，要求付款人在见票时或在一定期限内，向收款人或持票人无条件支付一定款项的票据。汇票是国际结算中使用最广泛的一种信用工具。

汇票，按出票人的不同可分为银行承兑汇票和商业承兑汇票；按有无附属单据分为光票和跟单汇票；按付款时间分为即期汇票和远期汇票；按承兑人分为商业承兑汇票和银行承兑汇票；按流通地域分为国内汇票和国际汇票。

2. 托收

托收是出口商开立汇票，委托银行代收款项，向国外进口商收取货款或劳务款项的一种结算方式。

托收可分为跟单托收和光票托收。跟单托收是汇票连同商业单据向进口行收取款项的一种托收方式。有时为了避免印花税，也有不开汇票的，只拿商业单据委托银行代收，称为直接托收。跟单托收又可分为付款交单（Document against Payment，D/P）和承兑交单（Document against Acceptance，D/A）。光票托收是汇票不附带货运票据的一种托收方式，主要用于支付货款的尾数、样品费用、佣金、代垫费用、贸易从属费用、索赔及非贸易的款项。

3. 信用证

信用证是指开证行应申请人的要求，并按其指示向第三方开立的载有一定金额的，在一定的期限内凭符合规定的单据付款的书面保证文件。

信用证，以信用证项下的汇票是否附有货运单据，可分为跟单信用证和光票信用证；以开证行所负的责任为标准，可以分为不可撤销信用证和可撤销信用证；以有无另一银行加以保证兑付为依据，可以分为保兑信用证和不保兑信用证；根据付款时间不同，可以分为即期信用证、远期信用证和假远期信用证（银行贴现）；根据受益人对信用证的权利可否转让，可分为可转让信用证和不可转让信用证。此外，还有对开信用证、背对背信用证、预支信用证和备用信用证。在国际贸易中，通常采用的是保兑的不可撤销即期跟单信用证。

4. 保理

保理可分为国际保理和国内保理两种，这里仅介绍国际保理。

国际保理是近一二十年发展起来的一种新兴贸易结算方式。国际保理又称为承购应收账款，指在以商业信用出口货物时（如以 D/A 作为付款方式），出口商交货后把应收账款的发票和装运单据转让给保理商，即可取得应收取的大部分贷款，日后一旦发生进口商不付或逾期付款的情形，则由保理商承担付款责任，在保理业务中，保理商承担第一付款责任。若保理商对上述预付款没有追索权，对余款也要担保付款，即被称为无追索权保理，反之则为有追索权保理。

国际保理业务有两种运作方式，即单保理和双保理。前者仅涉及一方保理商，后者涉及进出口双方保理商。国际保理业务一般采用双保理方式。

国际保理是银行作为保理商为国际贸易记账赊销方式（Open Account，O/A）提供出口贸易融资、销售账务处理、收取应收账款及买方信用担保合为一体的综合性金融服务。由于保理业务是一种 B to B（Bussiness to Business，商家对商家的电子商务）意义上的电子商务，国际保理商联合会（Factors Chain International，FCI）所启用的统一的保理电子数据交换系统利用全球数据交换网络传递信息，使得国际保理业务比一般的结算方式更加便捷、准确和高效。

二、国际贸易结算方式比较

在国际贸易中结算方式的选择，各当事人进行谈判时须考虑自身收益，衡量风险。不同的支付方式，对交易双方的风险、利益不同，因此，必须了解各种支付方式的特点与利弊。4 种支付方式比较如表 2-6 所示。

表2-6　4种支付方式比较

项目 \ 支付方式 特点	汇 付		托 收		信 用 证	保 理
	前T/T	后T/T	D/P	D/A	跟单L/C	O/A
关系人	汇款人（进口商）、银行、收款人（出口商）		委托人（出口商）、受托人（银行）、代收行、付款人（进口商）		L/C申请人（进口商）、开证行、通知行、议付行、付款行、保兑行、L/C受益人（出口方）	出口商、出口保理商、进口商、进口保理商

续表

支付方式 项目　特点	付汇		托收		信用证	保理
	前T/T	后T/T	D/P	D/A	跟单L/C	O/A
付款人	进口商		进口商		开证行/付款行/保兑行	进口商
使用条件	进口商的信用		进口商的信用		开证行的信用和L/C条款	进口商的信用、进口商与出口保理商签订的《出口保理协议》条款
货运单据寄送	出口商自己寄送		由银行转交		由银行寄送	由保理商寄送
银行作用	支付中介		受托人		第一性付款责任	第二性付款责任
相关国际规则	无		《托收统一规则》		UCP600、ISBP等国际惯例	《国际保理公约》、《国际保理通则》等国际惯例
操作程序	简单		较复杂		复杂	更复杂
费用	低		中		高	较L/C低
对卖方有利点	有利于资金周转	无	①操作不复杂。②安全收汇有保证,如被拒付可适当授权托收行保全货物。③可通过托收出口押汇得到资金融通的便利		①安全收汇有保证,只要提交符合L/C的单证,银行必须付款。②可通过打包贷款或出口押汇得到资金融通的便利	①规避风险、安全收汇。②争取客户、开拓海外市场。③节省业务开支。④加速资金周转。⑤增加利润
对卖方不利点	如买方未按时付清约定款,卖方又不敢放单或放货,须承担货物的储存和保险费	①占用自有资金时间长,影响资金周转。②可能在发货后收不到应得的货款	①收汇客观上存在较大的风险,买方并不保证付款。②影响资金周转。③可能遭到货币贬值带来的损失		①占用资金且费用较高。②操作复杂,可能陷入"软条款"陷阱。③可能被假信用证欺诈而导致货款两空	①出口保理商只是中介,没有开拓业务的积极性。②进出口双方无贸易纠纷是基础,若出现纠纷,保理商不承担收回货款的担保
对买方有利点	①体现卖方的信任,有利于交易达成。②较有效控制卖方的资源	①减少资金占用。②收到货物检查合格甚至销售后才付款	①免去开信用证的手续,减少费用支出,有利于资金融通和周转。②安全收货有保证		①付款后肯定能取得代表货物所有权的单据。②可通过L/C条款促使卖方履行合同规定	①增加营业额。②降低成本。③保证收到合理货物。④简化购货手续。⑤增加利润
对买方不利点	①提前支付占用资金。②对合同所购货物没有把握。③面对商品贬值或滞销的市场风险	无	①在D/P的情况下,卖方可能以假单据或残次货物骗取买方付款。②如果拒付,商业信誉会受损		①操作复杂,占用资金。②卖方可能变造单据使买方收到的货物与L/C的要求不符。③卖方可能制作假单据从银行骗款	双保理业务的保理费用较高

三、国际贸易结算的风险防范

国际贸易结算风险是一种行业风险,是指从事国际贸易业务的企业所面临的风险。广义的国际贸易结算风险既包括从事国际贸易业务的企业,也包括办理结算业务的银行,还有国家的相关机构等。随着出口竞争的日趋激烈化，灵活多变的支付方式已成为外贸企业增加市场份额的重要手段，由此也带来了进出口收付汇风险的增加。国际贸易相关各方应针对不同结算方式的不同特性、各自的优劣势，有效地防范不同结算方式项下的业务风险，促进国际贸易的健康发展。

1. 出口商的风险防范

（1）电汇

1）在客户资信不佳或不明的情况下，尽量不要采用电汇结算方式。如果采用了电汇结算，应委托银行或专业机构进行客户资信调查。

2）一旦收到国外进口商寄来的票据，应委托银行或专业机构检验其真实性，必要时等收妥款项后再发货。

3）凭单付汇时，出口发货应采用海运方式，通过海运提单（Ocean Bill of Lading）掌握货权，而不宜采用空运方式，因空运时出口方无法掌握货权，货物到港后进口方就可以提货。

4）采取"分批发货、分批收汇"降低收汇风险，即在收到第一批货款后再发第二批货物，收到第二批货款再发第三批货物。

5）针对由于汇出行发出的电汇委托书有误而导致迟付这种情况，加强与进口商、转汇行和解付行的联系，及时查询，保证按时收汇。

（2）托收

1）交易前，必须选择信誉好的交易伙伴，了解其政治背景、资信情况、经营范围和经营能力等情况。

2）对出口单据加以控制，主要是具有物权凭证的海运提单，而非只属于运输单据的空运提单、铁路运单、公路运单、租船提单等，以更好地控制货物。

3）了解进口国的贸易管制、外汇管制条例及海关特殊固定，以免货到目的地后，由于收不到外汇或不准进口甚至可能被没收处罚而造成损失的风险。

4）必须了解有关国家的银行对托收的规定和习惯做法，了解进口国家的商业惯例和海关及卫生当局的有关规定，以免违反进口地习惯和规定，影响安全迅速收汇。

5）谨慎选择代收行。托收行应在付款地信誉良好且资金雄厚，出口商可在付款地事先找好代理人，以便货物遭拒时代存、代售或运回。

6）采用国际保理。货物发出后，出口商将应收款转让给保理商，由保理商承担了全部的买方风险，免除了出口商的后顾之忧。如果进口商在付款到期日后90天尚未付款，保理公司即认为进口商无偿付能力，无须出口商提供任何证明，即给予付款。

7）采用出口信用保险。出口商通过投保出口信用保险，将其无法控制的收汇风险事先转嫁给保险公司，确保了预期效益和正常经营。

（3）信用证

1）做好客户的资信调查是出口商风险防范的第一步。出口商与进口商在签订贸易合同之前，一定要对对方的财务状况、资信情况、销售收入、经营业绩和业务能力等进行大致的了解，确定进口方的确有诚意、有能力后才签约。

2）仔细审核进口方开来的信用证条款是否与原合同条款一致，是否符合《跟单信用证统一惯例——国际商会第 600 号出版物》（UCP600）的规定，有无软条款，以防信用证的诈骗。

3）为保证信用证的履约，出口商必须认真缮制单据，确保单证内容完全符合信用证的要求，并且单证之间没有矛盾，即"单证相符、单单相符"。

4）信用证被拒付应采取的措施。若因单据有不符点而被拒付，出口商应尽快与进口商取得联系，并说服其放弃不符点赎单提货；若信用证过期，则劝其采用其他的付款方式，如电汇。

5）调解或仲裁。出口商被拒付后，可与进口商进行交涉，最好是部分答应进口商降价的请求，或转卖给当地其他客商。若调解不成，则按合同事先的约定，或选择双方认可的仲裁机构进行仲裁。

（4）保理

1）以双保理代替单保理模式，使保理商将进口保理和出口保理视为一个整体业务共同发展，向客户提供相应的保险、资产证券化、套期保值等服务，提高保理的信誉和支付能力。

2）国际保理业务与电子商务结合，提供功能完善的网络管理系统，客户可在线查询对方资信等状况，以增强互信，确保交易顺利进行。

2. 进口商的风险防范

（1）电汇

1）进口商在汇付之前，要对出口商的资信和履约情况做深入细致的调查。

2）采取预付款结算时，预付款部分越小越好，可以减少对方迟发货或者诈骗的风险。

3）要求出口商事先出具由银行出具的履约保函，以防万一出口商爽约时，向担保银行索赔。

4）利用有关国际金融工具，如掉期、期权、货币互换等规避汇率风险。

（2）托收

1）通过各种途径了解出口商的资信情况，以防欺诈。

2）在 D/P 方式下，要对出口商提供的单据进行仔细的审核，要注意单证对货物的描述是否与合同一致、单单是否一致、船公司是否可疑，以防出现货物重量和虚假单据的问题。

3）在部分货款托收的情况下，尽量减少预付款的比例，将风险降到最低。

（3）信用证

1）资信调查是防范业务风险的最好手段，因此，开证前要对出口方的资信状况、经营情况、管理经营、销售情况进行调查，以防贸易风险，确保交易顺利进行。

2）对单证不符点进行认真分析和研究，正确地决定是拒付还是提货。由于出口商的制单失误而造成的不符点，若进口商仍需要这批货，就赎单提货；若认为其中有诈，则拒付不提货，以避免给自己造成巨大的经济损失。

（4）保理

在双保理业务中，应选择费用较为合理的国际保理商，将保理业务费用实现估计在未来销售的价格之中，尽量减少自身的额外费用。

本节知识要点检查与思考

1）国际贸易结算的3种主要方式是什么？

2）为什么老客户喜欢用电汇结算方式进行交易？

3）国际保理业务对进出口双方有何利弊？

4）托收的风险有哪些？如何预防风险的发生？

5）出口方在信用证付款的条件下如何确保收到货款？

第三章

>>>>>>>

国际海上货物运输

本章学习任务

1）能用自己的话说出国际海运的基本含义。

2）了解国际海运进出口代理业务流程。

3）掌握国际海运运费的计算方法。

4）能为出口货物正确选择运输船只与运输航线。

第一节　国际海上货物运输概述

案例导入

　　李经理在给小王解释完电汇和信用证的使用场合之后，小王又问道："在'运输标记'一栏，怎么有的单据中只填一个合同号，有的写3行文字，而有的却是4行？标准的运输标记该怎样写？"李经理道："小王，你看得真仔细。有的出口企业在填写'运输标记'一栏时比较随意，标准的运输标记是……"

本节任务

　　用自己的语言以经理的口吻向小王解释一下国际标准化组织（ISO）规定的唛头构成。

一、国际海上货物运输的含义

　　国际海上货物运输是指使用船舶通过海上航道，在不同的国家和地区的港口之间运送货物的一种运输方式，主要承担大数量、长距离的运输，同时也是在干线运输中起主力作用的运输形式。在内河及沿海地区，海运方式也经常使用，承担补充及衔接大批量干线运输的任务。海洋运输的运量大、费用低、航道四通八达等是其优势，但速度慢、航行风险大、航行日期不易确定等是其不足之处。总之，国际海运是国际贸易不可或缺的重要一环。

二、国际海上货物运输的特点

1. 运输量大

　　国际货物运输是在全世界范围内进行的商品交换，地理位置和地理条件决定了海上货物运输是国际货物运输的主要手段。国际贸易总运量的75%以上是利用海上运输完成的，有的国家对外贸易运输中海运占运量的90%以上，主要原因是船舶向大型化发展，如50万～70万吨的巨型油船、16万～17万吨的散装船，以及集装箱船的大型化。船舶的载运能力远远大于火车、汽车和飞机，是运输能力最大的运输工具。

2. 通过能力大

　　海上运输利用天然航道，四通八达，不像火车、汽车要受轨道和道路的限制，因而其通过能力要超过其他各种运输方式。如果政治、经济、军事等条件变化，还可随时改变航线驶往有利于装卸的目的港。

3. 运费低廉

　　船舶的航道天然构成，船舶运量大，港口设备一般均为政府修建，船舶经久耐用且节省燃料，所以货物的单位运输成本相对低廉。据统计，海运运费一般约为铁路运费的1/5，公路汽车运费的1/10，航空运费的1/30，这就为低值大宗货物的运输提供了有利的竞争条件。

4. 对货物的适应性强

由于上述特点使海上货物运输基本上适应各种货物的运输。例如，石油井台、火车、机车车辆等超重大货物，其他运输方式是无法装运的，船舶一般都可以装运。

5. 运输的速度慢

由于商船的体积大，水流的阻力大，加之装卸时间长等其他各种因素的影响，货物的运输速度比其他运输方式慢。较快的班轮航行速度也仅 30 海里 / 时左右。

6. 风险较大

由于船舶海上航行受自然气候和季节性影响较大，海洋环境复杂，气象多变，随时都有遇上狂风、巨浪、暴风、雷电、海啸等人力难以抗衡的海洋自然灾害袭击的可能，遇险的可能性比陆地、沿海要大。同时，海上运输还存在着社会风险，如战争、罢工、贸易禁运等因素的影响。为转嫁损失，海上运输的货物、船舶保险尤其应引起重视。

三、国际海上货物运输的作用

1）海上货物运输是国际贸易运输的主要方式。国际海上货物运输虽然存在速度较低、风险较大的不足，但是由于它的通过能力大、运量大、运费低及对货物适应性强等长处，加上全球特有的地理条件，使它成为国际贸易中主要的运输方式。

2）海上货物运输是国家节省外汇支付、增加外汇收入的重要渠道之一。在我国，运费支出一般占外贸进出口总额的 10% 左右，尤其大宗货物的运费占的比例更大，贸易中若充分利用国际贸易术语，争取我方多派船，不但可节省外汇的支付，而且可以争取更多的外汇收入。把我国的运力投入国际航运市场，积极开展第三国的运输，才能为国家创造外汇收入。

3）发展海上运输业，有利于改善国家的产业结构和国际贸易出口商品的结构。海上运输是依靠航海活动的实践实现的，航海活动的基础是造船业、航海技术和掌握技术的海员。近几年，我国由原来的船舶进口国逐渐变成了船舶出口国，而且正在迈向船舶出口大国的行列。海上运输业的发展不仅能改善国家产业结构，也会改善国际贸易中的商品结构。

4）海上运输船队是国防的重要后备力量。海上远洋运输船队历来在战时都被用作后勤运输工具，它对战争的胜负起到一定的作用。正因为海上运输占有如此重要的地位，世界各国都很重视海上航运事业，通过立法加以保护，从资金上加以扶植和补助，在货载方面给予优惠。

四、国际海运货物分类

海运货物按照不同的标准可以有不同的分类，常见的分类有两种：按货物适航性分类和按货物装运形态分类。按货物适航性可分为普通货物和特殊货物两大类，而按货物装运形态可分为液体散货、干散货和杂货三大类，如表 3-1 所示。

表3-1　国际海运货物分类

分类方法	货物类别		货物特点	货物列举
按货物适航性	普通货物	清洁货物	清洁、干燥，可以食用，易破碎	纸张、粮食、糖果，玻璃制品
		液体货物	盛装于桶、瓶、坛等容器内的流质或半流质货物	油类、酒类、药品和普通饮料等
		粗劣货物	能散发气味，有扬尘污染	生皮、骨粉、大蒜，水泥、炭黑等
	特殊货物	危险货物	具有燃烧、爆炸、毒害、腐蚀和放射性等性质	弹药、雷管、烟花爆竹，以及具有危险性的化学物质等
		冷藏货物	常温下易腐烂变质和需要在低温条件下运输	冷冻的肉、鸡、鱼、新鲜水果或蔬菜，以及须低温运输的药品等
		贵重货物	价值昂贵	金、银等贵重金属、高价货物等
		活的动植物	有生命特征	牛、马、羊等家畜，活的兽类，鸟类，家禽，鱼类，树木、花草植物等
		长、大、笨重的货物	货物单件长度超过9米，或单件重量超过5吨	大型发电机、重型汽车、港口吊车、大型钢结构架等
按货物装运形态	液体散货		盛装于桶、瓶、坛等容器内的流质或半流质货物	石油、成品油、液化天然气、液态化工品及其他液态物体
	干散货	大宗散货	无包装的货物	铁矿石、煤炭、粮食、铝矾土、磷矿石5类
		小宗散货		农产品、林产品、肥料、矿产品、钢铁、加工产品、其他散杂货7类
	杂货		按计件形式装运和交接的货物，也就是普通货物	机电、化工、纺织、服装、食品、冷冻货物及其他工业制成品等

五、国际海运货物包装和标志

1. 货物包装

商品包装是商品生产的继续，经过适当包装的商品，不仅利于运输、装卸、搬运、储存、保管、清点、陈列和携带，而且不易丢失或被盗，为各方面提供了便利。根据包装在流通过程中所起作用的不同，可分为运输包装（外包装）和销售包装（内包装）两种类型。

（1）运输包装

运输包装根据包装方法的不同，可分为单件运输包装和集合运输包装两大类，而集合运输包装可分为集装包和集装袋（Flexible Container）、托盘（Pallet）和集装箱（Container）3类。

（2）销售包装

常见的销售包装有挂式包装、堆叠式包装、携带式包装、易开包装、喷雾包装、配套包装、礼品包装和复用包装等8种。

2. 运输包装的标志

运输包装上的标志，按其用途可分为运输标志、指示性标志和警告性标志3种。

（1）运输标志

运输标志是指在运输包装上用文字、图形和数字制作的特定记号和说明事项，其作用是在保管、装卸、运输过程中便于识别货物，防止错发错运，并便于收货人收货。国际标准化组织规定的唛头由 4 行组成，每行不得超过 17 个英文字码，举例如下。

SMCO——收货人。

NEW YORK——目的港（地）。

95/C NO.：345789——合同号（或订单号、发票号等）。

NO.2/100——批件号（分母表示整批的数量）。

（2）指示性标志

指示性标志是指提示人们在装卸、运输和保管过程中要注意的事项的标志，一般是以简单、醒目的图形和文字在包装上标出，故有人称其为注意标志。

（3）警告性标志

警告性标志又称危险货物包装标志，用以说明商品系易燃、易爆、有毒、腐蚀性或放射性等危险性货物，以图形或文字表达。

✎ 本节知识要点检查与思考

1）国际海上货物运输有什么特点？

2）国际海上货物运输对于一个国家来说有何作用？

3）海运货物分类有何标准？如何进行分类？

4）国际海运货物的包装如何分类？集装箱属于哪类包装？

5）国际标准化组织规定的唛头是如何构成的？试举例说明。

第二节　国际海运进出口代理业务

▉ 案例导入

小王在公司实习期间接触的大多是出口代理业务，而对进口代理业务接触的不多，因此，他非常想知道进口代理业务的工作流程。于是他便向业务经理请教，问道："李经理，这段时间向您学到了不少知识。不过，由于目前我接触的多是出口业务，我想了解一下进口代理业务是如何进行的。"李经理说："进口业务与出口业务的流程是相对应的……"

本节任务

用自己的语言以李经理的口吻向小王解释一下进口货运代理业务的流程。

一、进口货运代理业务流程

进口货运代理是指接受货主委托，为其办理进口提货手续并将货物送至其指定地点的业务行为。进口货运代理业务主要流程为货主委托、报价、接受委托、索要单据、换单、报验、报关、提货、结算、返还单据等。进口货运代理业务具体流程如表 3-2 所示。

表3-2 进口货运代理业务流程

业务项目	具 体 业 务	相 关 单 据
货主委托	确认委托事项	业务联系函电
报价	根据货类、货量、货物流向、运输方式等核算出费用标准	报价单
接受委托	签订委托代理协议	代理进口合同或协议书
索要单据	向货主索要报关、报检所需单据	提单、发票、装箱单、合同副本、报关报检委托书、许可证、原产地证书等
换单	到船公司或其代理处凭提单等支付相关费用后，换取提货单	提单、提货单
报验	向检验检疫机构报请检验检疫工作的手续	出境货物报检单，并随附合同、商业发票、装箱单等
报关	向海关办理报关手续	报关委托书、报关单，并随附提单、提货单、发票、装箱单、合同副本等
提货	港口堆场［整箱货（Full Container Load，FCL）］或货站［拼箱货（Less than Container Load，LCL）］凭提单缴费后取得提货单，办理提货手续，并安排发运工作（需转运时，安排转运工作）	提单、提货单、货物运单
结算	按原定收费标准向货主收取相关费用	费用结算清单
返还单据	将海关或商检退回或出具的有关单据退换给货主	商检证书等

二、出口货运代理业务流程

出口货运代理业务是指以代理人身份代表货主办理货物经海运班轮出口，从发货人手中揽取货物，接收货物并将货物交给承运人这一过程所需要通过的环节、所需要办理的手续及必备的单证等业务过程。出口货运代理业务具体流程如表 3-3 所示。

表3-3 出口货运代理业务流程

业务项目	具 体 业 务	相 关 单 据
揽货	在对客户报价时，必须核实相关运价、运输条款、船期，向客户报价	报价单
接单	接受并审核订舱申请，签署客户订舱委托书	订舱委托书，并随附合同副本、商业发票、装箱单等
理货制单	揽货人员业务联系单，将资料录入计算机生成货物托运单	业务联系单、托运单
订舱	向承运人或其代理递交订舱申请，承运人或代理接受订舱申请后，发出订舱确认单（Booking Note，B/N）	货代订舱单（Booking Note，B/N）、订舱确认单（或称装货单）（一式十联中的第五联）
安排拖车	将装货单（Shipping Order，S/O）传真给客户，与拖车公司联系，获取箱号及封条号	装货单（第五联）
保险	在CIF条件下，向保险公司代办运输保险事宜	投保单、保险单，随附合同副本、商业发票、装箱单等
报检	向检验检疫机构办理货物检验检疫事宜	报验单、商检证书、通关单
报关	向海关办理出口货物报关事宜。海关官员在确认单货相符且手续齐备后，在装货单（关单）上加盖放行章	报关委托书、报关单、通关单，随附发票、装箱单、合同副本、外汇核销单、装货单（关单）（第五联）等
货物装运	货代提取空箱，在客户工厂或公司将货物装车，送至码头，完成报关后，货代监督装船	集装箱装箱清单、场站收据（装货单第六联）
付费取单	货代凭场站收据正本，缴纳相关费用之后，换取提单	场站收据（装货单第七联）、提单
收费交单	货代通知客户缴纳货代理费用，将单据交付给客户	收费清单、提单等
业务归档	代理业务结束后进行业务归档，做好总结，备查	业务总结报告

本节知识要点检查与思考

1）货主在委托进口货运代理时，应该向货代提供哪些单据？

2）进口货物都必须报检吗？为什么？

3）提单能够直接提货吗？如何办理提货手续？

4）在出口贸易流程中有哪些单据？这些单据在哪个环节中出现？

5）合同货物数量与提单货物数量必须一致吗？当不一致时，第一次数量出现不一致的单据是哪一张？

第三节　海上货物运输船舶与航线

案例导入

小王处理的一单出口业务的目的港是美国纽约港。可是他查了一下世界海运航线图，发现有几条航线都可以通往纽约港。小王不知如何选择，于是向业务部经理请教："李经理，这份单子是从深圳盐田港运至美国纽约港。我们该如何为客户选择合理的航线呢？"李经理道："这要看看这单要求的装运期，再做决定……"

本节任务

用自己的语言以李经理的口吻向小王解释如何选择合理的航线将货物运至美国纽约港。

一、货物运输船舶的类型

货物运输船舶，简称货船。海上货船的种类繁多，按其用途和适运的货物种类可分为干货船和油槽船两大类。货船具体分类、特点及适运货物如表3-4所示。

表3-4　货船具体分类、特点及适运货物

分　类		特　点	适运货物
干货船	杂货船	有多层甲板分隔成的多层货架；航运速度快	有包装的零星杂货
	干散货船	运量大、运价低、航速较低	谷物、矿砂、煤炭及散装水泥等大宗散货
	冷藏船	船上的冷却设备使货舱内恒温，并能调节多种温度，以适应舱内货物所需的温度	冷冻易腐货物
	木材船	舱口大、舱内无梁柱，船舷有1米船墙	木材或原木
	集装箱船	装卸效率高、经济效益好，但船体高、稳定性差	普通杂货
	滚装船	船一侧或船尾有伸缩跳板；装载速度快	汽车、集装箱
	载驳船	也叫子母船。用于海河联运，驳船（子船）装货后装上载驳船（母船），到目的港后将驳船卸下水，由内河拖船送至目的港卸货，无须码头	普通杂货
油槽船	油轮	机舱设在船尾，船壳被分割成数个储油舱	石油及成品油
	液化天然气船	高技术、高难度、高附加值	−163℃超低温液态天然气
	液体化学品船	有着最严格的破损标准，用最有效的预防措施来消除化学品的逸漏	属于危险品的化学液体

二、海上货物运输航线

1. 海运航线分类

（1）按船舶营运方式划分

按船舶营运方式，海运航线分为定期航线和不定期航线。定期航线又称班轮航线，是用固定的船舶，按固定的船期和港口航行，并以相对固定的运价经营客货运输业务的航线，主要装运杂货物。不定期航线则是临时根据货运的需要而选择的航线。船舶、船期、挂靠港口均不固定，是以经营大宗、低价货物运输业务为主的航线。

（2）按航程的远近划分

按航程的远近，海运航线分为远洋航线、近洋航线和沿海航线。我国习惯上以亚丁港为界，将去往亚丁港以西，包括红海两岸和欧洲及南北美洲广大地区的航线划为远洋航线，而将亚丁港以东地区的亚洲和大洋洲的航线划为近洋航线。

（3）按航行的范围划分

按航行的范围，海运航线分为大西洋航线、太平洋航线、印度洋航线和环球航线。

（4）按航线有效时间划分

按航线有效时间，海运航线分为季节性航线（如印度洋，远东至北美）和常年性航线。

（5）按运力、运程和运量划分

按运力、运程和运量，海运航线分为主干航线（主要指集装箱班轮、枢纽港之间的 3 条：远东—北美线、远东—欧洲线、北美—欧洲线）和分支航线（为主干航线提供服务的航线，如宁波—香港线、宁波—横滨线）。

此外还有直达航线、定期航线等。

2. 世界八大海上航线

（1）北大西洋航线

北大西洋航线由美国、加拿大东海岸，横跨北大西洋至英国，然后分南北两线。南线沟通西欧或入地中海到达南欧、北非各国；北线入波罗的海，连接中欧和北欧诸国。世界上有 1/3 的商船航运在这条航线上，北大西洋航线是世界上最繁忙的航线。

（2）苏伊士运河航线

苏伊士运河航线因通过苏伊士运河而得名。西起北欧、西欧、北非经地中海，通过苏伊士运河，穿过红海进入印度后分为两路：东至远东各港口，为欧亚间的主要港口；南至澳新各港口，为欧、亚、新各港口的主要航线。

特别说明的是，载重量 25 万吨以上的巨轮是无法通过苏伊士运河的，需要绕过非洲南端的好望角，经由好望角航线前往欧洲。

（3）好望角航线

好望角航线自波斯湾，经霍尔木兹海峡进入印度洋，沿东非海岸向南，穿过莫桑比克海峡，绕过非洲南端的好望角进入大西洋，沿西非海岸北上抵达西欧各国。好望角航线是石油运量最大的航线，被称为西方国家的"海上生命线"，自波斯湾运往欧洲的货物，若载重量 25 万吨以上的巨轮须经由好望角航线来运送货物。

（4）北太平洋航线

北太平洋航线由东南亚国家、东亚国家各港，横渡北太平洋至美、加西海岸各港，是北美各国同亚洲国家间的国际贸易航线。

（5）巴拿马航线

巴拿马航线北起大西洋加勒比海，经里蒙湾入巴拿马运河，南经巴拿马湾进入太平洋。该航线是连接大西洋与太平洋沿岸各港口的重要捷径，因通过巴拿马运河而得名。

特别说明的是，巴拿马运河最大通航能力是 7.6 万吨级的轮船，若是超过 7.6 万吨的船，则需绕道位于南美洲最南端的合恩角来运送货物。

（6）南太平洋航线

南太平洋航线自北美西岸的旧金山和温哥华，跨越太平洋（火奴鲁鲁），西至大洋洲的澳大利亚、新西兰。

（7）南大西洋航线

南大西洋航线是自西欧各国经由大西洋到达南美东海岸（布宜诺斯艾利斯港口止）的海上通道。

（8）北冰洋航线

北冰洋航线自东亚（符拉迪沃斯托克）进入太平洋，穿过白令海峡进入北冰洋，到达北欧后进入大西洋，最后到达西欧各国。

3. 我国主要海上运输航线状况

（1）沿海航线

我国沿海运输分为南、北两个航区：厦门以北至鸭绿江口为北方沿海航区（由上海海运局负责管理）；厦门以南至北仑河口为南方沿海航区（由广州海运局负责管理）。前者以上海、大连为中心，开辟有上海—青岛—大连线、上海—烟台—天津线、上海—秦皇岛线、上海—连云港线、大连—天津线等。南方沿海航区以广州为中心，开辟有广州—汕头线、广州—北海线、广州—湛江线等。此外，在沿海中小港口间，尚有许多地方性航线，主要为大港转运、集散物资服务，并担负部分客运。

我国沿海运输在负担货运方面，如果按航区分析，则北方沿海货运量占较大优势。从货运量构成看，北方以石油、煤炭的运量为最大，其次为钢铁、木材等由北而南，金属矿石、粮食、工业产品等由南而北。南方沿海以农产品比例为最大，其次是食盐、矿石和煤炭，除煤炭外，大部分由各中小港口向广州、湛江集装转运内地。上述的货流情况基本上反映了我国沿海及其邻近地区的经济差异性。

（2）远洋航线

随着我国对外贸易的迅速增长和远洋运输船队的壮大，我国远洋运输以上海、大连、秦皇岛、广州、湛江、天津、青岛等港口为起点，和世界各国、各地区重要港口之间开辟了东、西、南、北 4 组重要远洋航线。

1）东行航线。由我国沿海各港口东行，经日本横渡太平洋可抵美国、加拿大和拉丁美洲各国。随着我国同日本、北美、拉丁美洲各国的友好活动和经济往来日趋频繁，这条航线的地位日益提高，货运量也急剧增加，成为我国对外贸易的一条重要航线。

2）西行航线。由我国沿海各港南行，至新加坡折向西行，穿越马六甲海峡进入印度洋，出苏伊士运河,经地中海,进入大西洋;或绕南非好望角,进入大西洋。沿途可达南亚、西亚、非洲、欧洲一些国家或地区港口。这条航线是我国最繁忙的远洋航线。

3)南行航线。由我国沿海各港南行,通往大洋洲、东南亚等地。随着我国与东南亚各国贸易的发展,这条航线的货运量不断增长。

4)北行航线。由我国沿海各港北行,可到朝鲜和俄罗斯远东符拉迪沃斯托克等港口。目前,这条航线除与朝鲜通航外,由于国际政治因素的影响,其发展仍受到限制。

4. 集装箱运输的主要航线

目前,世界上规模最大的3条集装箱航线是远东—北美航线,远东—欧洲、地中海航线和北美—欧洲、地中海航线。这3条航线将当今全世界人口最稠密、经济最发达的3个板块—北美、欧洲和远东联系起来。这三大航线的集装箱运量占了世界集装箱水路运量的一半多。

(1)远东—北美航线

远东—北美航线实际上又可分为两条航线,即远东—北美西海岸航线和远东—北美东海岸、海湾航线。远东—北美西海岸航线主要由远东—加利福尼亚航线和远东—西雅图、温哥华航线组成;而远东—北美东海岸、海湾航线主要由远东—纽约航线等组成,东行线为太平洋—巴拿马运河—大西洋—地中海—苏伊士运河—印度洋—太平洋,西行线则反向而行。

(2)远东—欧洲、地中海航线

远东—欧洲、地中海航线也被称为欧洲航线,它又可分为远东—欧洲航线和远东—地中海航线两条。远东—欧洲航线是世界上最古老的海运定期航线,将中国、日本、韩国和东南亚的许多国家与欧洲联系起来,贸易量与货运量十分庞大。与这条航线配合的,还有西伯利亚大陆桥、新欧亚大陆桥等欧亚之间的大陆桥集装箱多式联运。远东—地中海航线由远东经过地中海,到达欧洲。

(3)北美—欧洲、地中海航线

北美—欧洲、地中海航线实际由3条航线组成,分别为北美东海岸、海湾—欧洲航线,北美东海岸、海湾—地中海航线和北美西海岸—欧洲、地中海航线。这一航线将世界上最发达与富庶的两个区域联系起来,船公司之间在集装箱水路运输方面的竞争最为激烈。

本节知识要点检查与思考

1)货物运输船舶有哪些分类?若要运送汽车,应选择哪种船舶?

2)定期航线与不定期航线有什么区别?

3)世界上的八大海上航线是什么?

4)参阅世界航线地图,说出从上海港运出一批货物到英国伦敦港,需要走哪条航线,沿途经过了哪些国家、穿过了哪些海峡。

5)参阅世界航线地图,说出一批10万吨的货物要运到美国纽约港口,要走哪条航线及原因是什么。

第四节　国际海运运费计收

案例导入

一次，一个客户向小王咨询有关从上海运至德国汉堡的海运费用问题。由于小王还不熟悉国际海运费用的计算，于是向业务部经理请教，问道："李经理，刚才一位客户咨询从上海运至德国汉堡的海运费用，我还不熟悉海运费用是如何计算的，您能够给我讲一下海运费用的构成和计算方法吗？"李经理道："没问题，我来讲给你听……"

本节任务

用自己的语言以李经理的口吻向小王解释上海运至德国汉堡的海运费用是如何计算的。

一、班轮运价

海运运费是船公司报给船代、船代报给货代或者船公司直接报给货代的价格。班轮运价一般由"基本运费（Basic Rate）＋附加费"构成。

1. 基本运费

基本运费是指对每一计费单位（如一个运费吨）货物收取的基本运费。基本运费对应的基本费率有等级费率、货种费率、从价费率、特殊费率和均一费率之分。

2. 附加费

附加费（Surcharges）是为了保持在一定时期内基本费率的稳定，又能正确反映出各港的各种货物的航运成本，班轮公司在基本费率之外又规定的各种费用。

常见的 10 种附加费为燃油附加费、货币贬值附加费、转船附加费、直航附加费、超重 / 超长 / 超大附加费、港口附加费、港口拥挤附加费、选港附加费、变更卸货港附加费和绕航附加费。

3. 运费计算标准

通常有按货物重量"W"计算运费；按货物尺码或体积"M"计算运费；按货物重量或尺码"W/M"，选择其中收取运费较高者计算运费；按货物 FOB 价收取一定百分比作为运费，称为从价运费"A.V."；按每件为一单位计收；由船货双方临时议定价格收取运费，称为议价。

4. 运费计算步骤

1）选择相关的运价本。

2）根据货物名称，在货物分级表中查到运费计算标准（Basis）和等级（Class）。

3）在等级费率表的基本费率部分，找到相应的航线、启运港、目的港，按等级查到基本运价。

4）从附加费部分查出所有应收（付）的附加费项目和数额（或百分比）及货币种类。

5）根据基本运价和附加费算出实际运价。

6）运费＝运价 × 运费吨。

二、租船运费

1. 租船运费率

程租合同中有的规定运费率，按货物每单位重量或体积若干金额计算；有的规定整船包价。费率的高低主要取决于租船市场的供求关系，但也与运输距离、货物种类、装卸率、港口使用、装卸费用划分和佣金高低有关。合同中对运费按装船重量或卸船重量计算，运费是预付或到付，均须订明。特别要注意的是，应付运费时间是指船东收到的日期，而不是租船人付出的日期。

2. 装卸费用的划分法

装卸费用的划分条件有以下几种。

1）船方负担装卸费，又称"班轮条件"。

2）若采用船方不负担装卸费这一条件，还要明确理舱费和平舱费由谁负担。一般都规定由租船人负担，即船方不负担装卸、理舱和平舱费条件。

3）船方管装不管卸条件。

4）船方管卸不管装条件。

三、集装箱海运运费

目前，集装箱货物海上运价体系较内陆运价成熟。基本上分为两个大类，一类是袭用件杂货运费计算方法，即以每运费吨为单位（俗称散货价或拼箱价），另一类是以每个集装箱为计费单位（俗称包箱价）。

1. 拼箱货物运费计算

拼箱货物运费由"基本运费＋附加费"构成。基本运费以运费吨为计算单位，多数航线上采用等级费率，而附加费除传统杂货所收的常规附加费外，还要加收一些与集装箱货物运输有关的附加费。其运费计算公式为

$$运费＝重量吨（尺码吨）\times 等级运费率 \times（1＋附加费率）$$

【例题】出口货物到科威特 1 000 箱，每箱体积为 40 厘米 ×30 厘米 ×20 厘米，毛重为 30 千克。查船公司运价表，该货物运费计算标准为 M/W，等级为 10 级，查中国至科威特为海湾航线 10 级，货物按每吨收费 222 港元，燃油附加费 26%。该批货物的运费是多少？

题解：

按题意 M/W 是按重量或体积收费，即选择重量或体积较高的一种收费。

货物总重量＝ 1 000×30 ＝ 30（吨）

货物总体积＝ 1 000×40×30×20 ＝ 24（立方米）

从计算结果得知这批货是按重量收费，根据运费公式计算如下。

运费＝重量吨（尺码吨）× 等级运费率 ×（1 ＋附加费率）

　　＝ 30×222×（1 ＋ 26%）

　　＝ 8 391.60（港元）

2. 整箱货物运费计算

整箱费率及包箱费率就是以一个集装箱为计费单位，常用于集装箱交货的情况，即 CFS-CY 或 CY-CY 条款。常见整箱费率有以下 3 种表现形式。

1）FAK（Freight for All Kinds）整箱费率，即对每一集装箱不细分箱内货类，不计货量（在重要限额之内）统一收取的运价。

2）FCS（Freight for Class）整箱费率，即按不同货物等级制定的包箱费率，集装箱普通货物的等级划分与杂货运输分法一样，仍是 1～20 级，但是集装箱货物的费率差级大大小于杂货费率级差。一般低级的集装箱收费高于传统运输，高价货集装箱低于传统运输；同一等级的货物，重货集装箱运价高于体积货运价。可见，船公司鼓励人们把高价货和体积货装箱运输。在这种费率下，拼箱货运费计算与传统运输一样，根据货物名称查得等级，计算标准，然后套相应的费率，乘以运费吨，即得运费。

3）FCB（Freight for Class/Basis）整箱费率，即按不同货物等级或货类及计算标准制定的费率。

3. 货代集装箱报价构成

在国际多式联运下，集装箱交接地点从托运人工厂或公司仓库、集装箱堆场整箱货或货站拼箱货、海运，到进口港集装箱堆场或货站、收货人工厂或仓库，实现了"门到门"的运输。因此，货代在报价时不仅要考虑海运费用和附加费用的报价，同时还要考虑内陆运费、堆场或货站服务费，以及目的港的集散费用，再加上货代自己的服务费用。

常见各航线的海运费构成示例如下。

1）欧洲线：O/F ＋ ORC ＋ BAF ＋ CAF ＋ DOC。

2）北美线：O/F ＋ ORC ＋ AMS ＋ DOC（＋ DDC ＋ BAF）。

3）中南美线：O/F ＋ ORC（THC）＋ DOC。

4）东南亚线：O/F ＋ THC ＋ DOC（＋ T/R）。

5）印巴线：O/F ＋ THC ＋ DOC。

6）大洋洲线：O/F ＋ THC ＋ DOC。

7）红海线：O/F ＋ THC ＋ DOC。

8）非洲线：O/F ＋ THC ＋ DOC。

费用英文缩写说明：O/F 为基本海运费用，ORC 为本地出口附加费，THC 为码头费用，DOC 为文件费、T/R 为电放费用、AMS 为出口北美货物预申报费用、DDC 为目的港码头费、BAF 为燃油附加费、CAF 为货币贬值附加费。

本节知识要点检查与思考

1）班轮运输费用由几部分构成？计算班轮运费的步骤是什么？

2）集装箱整箱货物运费率有几种？

3）货代在集装箱运输报价时应考虑何种因素？

4）班轮运输费用计算题：我方按CFR迪拜价格出口洗衣粉1 000箱，该货物内包装塑料袋，每袋0.5千克，外包装为纸箱，每箱100袋。纸箱尺寸：长45厘米，宽30厘米，高20厘米。基本运费为每尺码吨367港元，另加燃油附加费33%，港口附加费5%，转船附加费15%，计费标准为M/W。试计算该批货物的运费。

第四章

>>>>>>>

集装箱运输

本章学习任务

1）了解集装箱的种类及适用货物。

2）理解集装箱货物的装载要求。

3）掌握集装箱货物交接方式。

4）了解集装箱运输过程中的货运单证。

第一节　集装箱和集装箱货物

案例导入

　　一次，小王和李经理一道来到码头监装一批货物上船。在集装箱堆场，看到有不同种类和不同规格的集装箱，小王感到好奇，于是问道："李经理，您看，这里有这么多不同的集装箱。在国际贸易的货运中如何正确为客户选择呢？"李经理回答说："这是个好问题。在货运时，我们要考虑不同的货物数量和货物类别，来选择合适的集装箱。例如……"

本节任务

　　用自己的语言以李经理的口吻向小王解释不同种类的集装箱适合装运的货物。

一、集装箱的定义

　　集装箱（在我国香港、台湾地区称为"货柜"、"货箱"）是指具有一定规格和强度的用以装运货物并可周转使用的一种容器。集装箱一般呈长方形，能防风雨，能充分保护内部货物不受损，可与其他运输工具分开作为一个单位进行装卸，不需要重复搬运内部货物就能运输，是比较理想的成组工具。

　　为了有效地开展国际集装箱多式联运，必须强化集装箱标准化，应进一步做好集装箱标准化工作。集装箱标准按使用范围划分，有国际标准、国家标准、地区标准和公司标准4种。

二、集装箱的种类

　　随着集装箱运输的发展，为适应装载不同种类货物的需要，出现了不同种类的集装箱。这些集装箱不仅外观不同，而且结构、强度、尺寸等也不相同。集装箱的种类与用途如表4-1所示。

表4-1　集装箱的种类与用途

种　类		特　点	货物列举
杂货集装箱		又称干货箱，可分为一端开门、两端开门与侧壁设有侧门3类杂货集装箱的门，均有水密性，可270°开启	文化用品、化工用品、工艺品、电子机械、医药、日用品、纺织品及仪器零件等
开顶集装箱		箱顶可以拆下，有"硬顶"（钢板）和"软顶"（帆布、塑料布）两种	钢材、木材、玻璃等
台架式集装箱		没有箱顶和侧壁，在下侧梁和角柱上设有系环	重型机械、钢材、钢管、木材、钢锭、机床及各种设备
平台集装箱		无上部结构、只有底部，可分为有顶角件和底角件的及只有底角件而没有顶角件的两种	汽车、坦克等机动车辆、超长超重货物
冷藏集装箱	机械式	集装箱内装有冷冻机，外界供电	鱼、肉、海产品、新鲜水果、鲜花、蔬菜等
	离合式	冷冻机可与集装箱箱体连接或分离	
散货集装箱		一端有箱门，同时在顶部有2或3个装货口。装货口有圆形和长方形的两种	麦芽、谷物和粒状化学品等
通风集装箱		与杂货集装箱类似，其区别是在侧壁或端壁上设有4～6个通风口，通风口关闭，可作为杂货集装箱使用	球根类作物、食品及其他需要通风、容易"汗湿"变质的货物；无须冷冻的蔬菜、水果等

续表

种类	特点	货物列举
罐状集装箱	由罐体和箱体框架两部分构成，罐体四角由支柱、撑杆构成整体框架，顶部设有装货口（入孔），罐底有排出阀，装有温度计	油类（如动植物油）、酒类、液体食品及液态化学品；酒精和其他液体危险品
动物集装箱	箱顶采用胶合板覆盖，侧面和端面都有金属网制的窗，以便通风；侧壁的下方设有清扫口和排水口，便于清洁	鸡、鸭、鹅等活家禽和牛、马、羊、猪等活家畜
汽车集装箱	简易箱底上装一个钢制框架，一般设有端壁和侧壁，箱底应采用防滑钢板。有装单层和装双层的两种	汽车等机动车辆
组合式集装箱	又称"子母箱"，箱顶、侧壁和端壁可以分解和组合，既可以单独运输货物，也可以紧密地装在20英尺和40英尺箱内，作为辅助集装箱使用；拆掉壁板后，形似托盘，所以又被称为"盘式集装箱"	普通杂货
服装集装箱	内侧梁上装有许多横杆，每根横杆垂下若干绳扣；服装装载无须包装，节约包装材料和费用	服装，普通杂货
其他用途集装箱	流动电站集装箱（配发电机组）、流动舱室集装箱、流动办公室集装箱、战地医院	发电、休息、办公、医疗等

三、标准集装箱

为了使用国际标准集装箱的内部装载托盘和一定数量货物，对于国际集装箱（主要为干货箱）也规定了内部尺寸标准，其中集装箱内部尺寸是指集装箱内部的最大长、宽、高的尺寸，它决定了集装箱内的容积和箱内货物的最大尺寸。最常用的集装箱是20英尺普箱（20″GP）、40英尺普箱（40″GP）和40英尺高箱（40″HQ）3种，尺寸应该是统一的，但限重是各船公司自行规定的。各类集装箱尺寸与规格如表4-2所示。

表4-2　集装箱尺寸与规格

尺寸	箱内容积（长×宽×高）/（米×米×米）	配货毛重/吨	配货体积/立方米
20英尺箱	5.69×2.13×2.18	17.5	24～26
40英尺箱	11.8×2.13×2.18	22	54
40英尺高箱	11.8×2.13×2.72	22	68
45英尺高箱	13.58×2.34×2.71	29	86
20英尺开顶箱	5.89×2.32×2.31	20	31.5
40英尺开顶箱	12.01×2.33×2.15	30.4	65
20英尺平底货箱	5.85×2.23×2.15	23	28
40英尺平底货箱	12.05×2.12×1.96	36	50

为了便于计算集装箱数量，可以用20英尺的集装箱作为换算标准箱，简称标箱，英文为Twenty-Foot Equivalent Unit，缩写为TEU；40英尺集装箱（等于两个标箱）的英文为Forty-Foot Equivalent Unit，缩写为FEU。

四、集装箱标志

为了方便集装箱的识别，国际标准化组织对集装箱标志制定了国际标准，规定了集装箱标志的内容、标志字体的尺寸、标志位置等。集装箱在大宗货物的海运运输中起着不可代替的作用，除了集装箱上的箱主代号，箱号或顺序号、核对号。集装箱标志表示如图4-1所示。

图4-1　集装箱标志

注：国际铁路联盟标志是在欧洲铁路上运输集装箱时必须具备的通行标志。
数字是国家铁路联盟代号，"33"代表中国。

五、集装箱货物

1. 集装箱货物的定义

集装箱货物是指以集装箱为单元积载设备而投入运输的货物。并不是所有的货物都可以成为集装箱货物。适宜用集装箱装运的货物具有两个基本特点：一是能较好地利用集装箱的载货能力（重量和容积）；二是价格较高。

2. 集装箱货物的分类

集装箱货物的分类方法有按适箱程度分类、按货运特性分类、按装箱数量和方式分类等。集装箱货物分类如表 4-3 所示。

表4-3　集装箱货物分类

分类方法	货物分类	货物特性
按适箱程度	最适合集装箱化的货物	货价高、运费也较高的商品
	适合集装箱化的货物	货价、运费较适合集装箱运输的商品
	边缘集装箱化的货物	可用集装箱装载，也可不用集装箱装运，因货物价值和运价都很低
	不适合集装箱化的货物	超大、超重货物
按货运特性	普通货物	不需要采用特殊方法进行装卸和保管，可以按件计数的货物
	冷藏货物	对运输的温度有较高的要求，因此必须使用冷藏集装箱运输
	危险品	国际航空运输协会《危险品规则》上列明的产品，在集装箱的四面外壁上必须贴上相应的危险品标志
按装箱数量和方式	整箱货	以集装箱为一个单位的大批量货物
	拼箱货	装不满一箱的小票货物，在集装箱货运站或内陆中转站内集中，与其他货混装在一个集装箱内

六、集装箱货物运输的优势

集装箱货物运输（Container Transport）是以集装箱作为运输单位现代化的运输方式，它适用于海洋运输、铁路运输及国际多式联运先进的现代化运输。它能将数量众多的货物集中装入一个特制的容器，由发货人仓库直接运到收货人仓库，实现"门到门"运输；能做到取货上门，送货到家，铁路、水运、公路、航空联运。用这种方法运输，简便、迅速、安全、经济。集装箱运输的优势如下。

1. 保证货物安全

由于集装箱货物运输能实现"门到门"运输，货物自发货人仓库装箱至到达站收货人仓库掏箱，一直保持着原始装载状态，中途不发生货物倒搬问题。而且在装卸时都使用机械作业，大大减少了货物因人工搬运而造成的破损。

2. 节约包装费用

由于集装箱货物运输能实现"门到门"运输，许多货物可以取消包装，以裸装或简化包装装入集装箱内，从而减少包装材料与费用。例如，一些原先使用木箱包装的货物，使用集装箱后，不再需要木箱，不但节约了成本也节约了大量木材。

3. 提高装卸效率

集装箱的装卸都是机械化作业，非人力搬运可以相比，效率自然很高。简化货运手续，检验与清点都很方便，工效可提高数十倍。

4. 加速资金周转

由于集装箱货物运输速度快，可以及时供应市场，相应资金周转也就加快。

本节知识要点检查与思考

1）集装箱有多少种类？各类集装箱适运的货物是什么？
2）集装箱有多少种尺寸？常见的集装箱种类是哪些？
3）选择集装箱装运货物时应考虑什么因素？
4）注意观察集装箱的标志，并说出集装箱上的中英文文字和数字表示的含义。
5）集装箱货物是如何分类的？

第二节　集装箱货物交接方式

案例导入

李经理向小王介绍了集装箱的种类及适用货物之后，小王还想了解集装箱货物运输过程中是如何进行货物交接的，于是又问道："李经理，您刚才告诉我集装箱货物分整箱和拼箱。那么整箱和拼箱货物的交接是否相同呢？"李经理回答说："当然不同。通常整箱货主是一个人，而拼箱货主有两人或以上……"

本节任务

用自己的语言以李经理的口吻向小王解释集装箱货物在整个运输过程中的交接方式。

一、集装箱货物的交接地点

货物运输中的交接地点是指根据运输合同，承运人与货方交接货物、划分责任风险和费用的地点。目前集装箱运输中的交接地点有门（双方约定的地点）、集装箱堆场、船边或吊钩和集装箱货运站 4 类。集装箱货物交接地点如表 4-4 所示。

表4-4 集装箱货物的交接地点

地 点	英 文	释 义	使用场合
门	Door	发货人的工厂、仓库或双方约定收、交集装箱的地点	整箱货、多式联运
集装箱堆场	Container Yard，CY	交接和保管空箱及重箱的场所，也是集装箱换装运输工具的场所	整箱货
船边或吊钩	Ship's Rail or Hook/ Tackle	装货港或卸货港装卸船边或码头集装箱装卸吊具	整箱货
集装箱货运站	Container Freight Station，CFS	拼箱货交接和保管的场所，也是拼箱货装箱和拆箱的场所	拼箱货

二、集装箱货物的交接方式

集装箱货运分为整箱和拼箱两种，因此在交接方式上也有所不同，综观当前国际上的做法，大致有以下 4 类。

1. 整箱交、整箱接

货主在工厂或仓库把装满货后的整箱交给承运人，收货人在目的地以同样整箱接货，换言之，承运人以整箱为单位负责交接。货物的装箱和拆箱均由货方负责。

2. 拼箱交、拆箱接

货主将不足整箱的小票托运货物在集装箱货运站或内陆转运站交给承运人，由承运人负责拼箱和装箱（Stuffing，Vanning）运到目的地货站或内陆转运站，由承运人负责拆箱。拆箱后，收货人凭单接货。货物的装箱和拆箱均由承运人负责。

3. 整箱交、拆箱接

货主在工厂或仓库把装满货后的整箱交给承运人，在目的地的集装箱货运站或内陆转运站由承运人负责拆箱后，各收货人凭单接货。

4. 拼箱交、整箱接

货主将不足整箱的小票托运货物在集装箱货运站或内陆转运站交给承运人。由承运人分类调整，把同一收货人的货物集中拼装成整箱，运到目的地后，承运人以整箱交，收货人以整箱接。

集装箱货物的交接地点和交接方式归纳起来有 4 种，如表 4-5 所示。

表4-5 集装箱货物的交接地点与交接方式

出 口 地	进 口 地	交接方式
整箱货	整箱货	门到门（DR/DR），场到场（CY/CY），门到场（DR/CY），场到门（CY/DR）
拼箱货	拼箱货	站到站（CFS/CFS）
拼箱货	整箱货	门到站（DR/CFS），场到站（CY/CFS）
整箱货	拼箱货	站到门（CFS/DR），站到场（CFS/CY）

本节知识要点检查与思考

1）集装箱货物的交接地点有哪些？适合哪些使用场合？

2）集装箱货物交接有哪4种交接方式？具体含义是什么？

3）某进口商在中国进出口商品交易会（广交会）期间，与东莞厂家订了一批货，同时又与顺德厂家订了另一批货，要求两家在规定时间将货交到深圳一家货运代理人手中，自己在其国内码头提货。请问应采用的交接地点和交接方式是什么？为什么？

第三节　集装箱货物装箱操作

案例导入

李经理向小王介绍了集装箱货物交接地点和交接方式之后，小王还想了解集装箱货物装载时需注意的事项，于是又问道："我大概知道了集装箱货物在整个运输过程中的交接方法。李经理，我还想知道在集装箱装载货物时应该注意什么事项，以避免货物在货物运输过程中受损。"李经理回答说："好的。我们在选择集装箱时应该自己检查，在货物装载时应注意……"

本节任务

用自己的语言以李经理的口吻向小王解释集装箱货物装箱前后的注意事项。

一、集装箱的选择与检查

1. 集装箱的选择

在进行集装箱货物装箱前，首先要选择合适的集装箱。选用集装箱时，主要考虑的是根据货物的不同种类、性质、形状、包装、体积、重量及运输要求采用其合适的箱子。首先要考虑的是货物是否装得下，其次要考虑在经济上是否合理，与货物所要求的运输条件是否符合。将选择标准具体化后，首先要符合以下几个基本条件：①符合国际标准化组织标准；②具有合格检验证书；③箱子各焊接部位牢固；④四柱、六面、八角完好无损；⑤箱子内部清洁、干燥、无尘、无味；⑥不漏光、不漏水。

2. 集装箱的检查

集装箱在装载货物之前，都必须经过严格检查。一旦有缺陷的集装箱进入运输过程，轻则导致货损，重则在运输、装卸过程中造成箱毁人亡的重大事故。因此，对集装箱的检查是货物安全运输的基本条件之一。发货人、承运人、收货人、货运代理人、管箱人及其他关系人在相互交接时，除对箱子进行检查外，还应以设备交接单等书面形式确认箱子交接时的状态。一般而言，应当从以下几个方面对集装箱进行检查。

1）外部检查：对箱子的外部进行六面察看，判断是否有损伤、变形、破口等异样情况，如有则作出修理部位的标志。

2）内部检查：对箱子的内侧进行六面察看，检查是否漏水、漏光，有无污点、水迹等。

3）箱门检查：查看门的四周是否水密，门锁是否完整，箱门能否270°开启。

4）清洁检查：箱子内有无残留物、污染、锈蚀异味、水湿。如果不符合要求，应当及时予以清扫或者更换。

5）附属件的检查：对货物的加固环节，如对平台集装箱、开顶集装箱上部延伸用加强结构等状态的检查。

二、集装箱货物的装箱方法

集装箱货物的现场装箱作业，通常有 3 种方法：①全部用人力装箱；②用叉式装卸车（铲车）搬进箱内再用人力堆装；③全部用机械装箱，如货板（托盘）货用叉式装卸车在箱内堆装。这 3 种方式中，第三种方法最理想，装卸率最高，发生货损事故最少。但是即使全部采用机械装箱，装载时如果忽视了货物特性和包装状态，或由于操作不当等原因，也往往会发生货损事故。特别是在内陆地区装载的集装箱，由于装箱人不了解海上运输时集装箱的状态，其装载方法通常都不符合海上运输的要求，从而引起货损事故的发生。

三、集装箱货物的装箱要求

1. 固定好货物

货物装箱后必须对箱内货物进行固定处理，以避免在运输途中因颠簸或摇晃而造成货物坍塌与破损。

2. 必要的衬垫

对于不同形状的货物，尤其是玻璃制品、陶瓷制品等易碎货物，在装箱时必须对货物进行衬垫，以避免在运输途中因颠簸或摇晃导致货物相互碰撞而破损。

3. 重量分布均匀

在混装货物时，要考虑货物的密度，即是轻货还是重货。装箱时一般重货在下，轻货在上，箱内负荷不得偏于一端或一侧。

4. 按装卸标志堆放

注意包装上有无"不可倒置"、"平放"、"竖放"等装卸指示标志，按装卸标志要求堆码货物。

5. 注意装载重量

在货物装箱时，任何情况下箱内所装货物的重量不能超过集装箱的最大装载量。集装箱的最大装货重量由集装箱的总重减去集装箱的自重求得，总重和自重一般都标在集装箱的箱门上。

四、集装箱货物装箱的注意事项

1. 拼箱货混装

货物混装时，要避免相互污染或引起事故，因此在不同种类货物混装时要注意如下事项。

1）轻货要放在重货上面。

2）包装强度弱的货物要放在包装强度强的货物上面。

3）不同形状、不同包装的货物尽可能不装在一起。

4）液体货和清洁货要尽量在其他货物下面。

5）从包装中会渗漏出灰尘、液体、潮气、臭气等的货物，最好不要与其他货物混装在一起。如不得不混装时，就要用帆布、塑料薄膜或其他衬垫材料隔开。

6）带有尖角或突出部件的货物，要把尖角或突出部件保护起来，不使它损坏其他货物。

2. 冷藏货物装载

冷藏货物装载时，应注意如下事项。

1）冷冻集装箱在装货过程中，冷冻机要停止运转。

2）在装货前，冷冻集装箱内使用的垫木和其他衬垫材料要预冷。要选用清洁卫生的衬垫材料，不使它污染货物。

3）不要使用纸、板等材料作衬垫，以免堵塞通风管和通风口。

4）装货后箱顶与货物顶部一定要留出空隙，使冷气能有效地流通。

5）必须注意到冷藏货要比普通杂货更容易滑动，也容易破损，因此对货物要加以固定。固定货物时可以用网等作衬垫材料，这样不会影响冷气的循环和流通。

6）严格禁止将已降低鲜度或已变质发臭的货物装进箱内，以避免损坏其他正常货物。

3. 危险货物装载

危险货物装箱时，应注意如下事项。

1）货物装箱前，应调查清楚该类危险货物的特性、防灾措施和发生危险后的处理方法，作业场所要选在避免日光照射、隔离热源和火源、通风良好的地点。

2）作业场所要有足够的面积和必要的设备，以便发生事故时能有效地处置。

3）作业时要按有关规则、规定执行，作业人员操作时应穿防护工作衣，戴防护面具和橡皮手套。

4）装货前，应检查所用集装箱的强度、结构，防止使用不符合装货要求的集装箱。

5）装载爆炸品、氧化性物质的危险货物时，装货前箱内要仔细清扫，防止箱内因残存灰尘、垃圾等杂物而产生着火、爆炸的危险。

6）要检查危险货物的容器、包装、标志是否完整，与运输文件上所载明的内容是否一致。禁止将包装有损伤、容器有泄漏的危险货物装入箱内。

7）使用固定危险货物的材料时，应注意防火要求及具有足够的安全系数和强度。

8）危险货物的任何部分都不允许突出于集装箱外，装货后箱门要能正常地关闭起来。

9）有些用纸袋、纤维板和纤维桶包装的危险货物，遇水后会引起化学反应而发生自燃、发热或产生有毒气体，故应进行严格的防水检查。

10）危险货物的混载问题，各国有不同的规定。例如，日本和美国规定，禁止在同一区域内装载的危险货物，或不能进行混合包装的危险货物，不能混载在同一集装箱内。英国规定，不能把属于不同等级的危险货物混载在同一集装箱内。在实际装载作业中，应尽量避免把不同的危险货物混装在一个集装箱内。

11）危险货物与其他货物混载时，应尽量把危险货物装在箱门附近。

12）严禁危险货物与仪器类货物混载。

13）在装载时，不能采用抛扔、坠落、翻倒、拖曳等方法，避免货物间的冲击和摩擦。

本节知识要点检查与思考

1）集装箱选择有哪几个基本条件？

2）集装箱在装载货物之前，应该从哪几个方面进行检查？

3）集装箱货物有哪几种装箱方法？

4）集装箱货物的装箱有什么要求？

5）拼箱货物混装时，应该注意哪些事项？

第四节　集装箱货运流程与货运单据

案例导入

了解集装箱货物装载时需注意的事项之后，小王还想知道集装箱货物运输的整个流程，便问道："李经理，您能否再跟我说说集装箱货物运输的流程，以及在该流程中会有哪些货运单据吗？"李经理回答说："好的。货物在货主工厂或仓库装箱后，会开出一张集装箱装箱清单，然后将货物运送至集装箱堆场……"

本节任务

用自己的语言以李经理的口吻向小王解释集装箱货物货运流程及货运单据。

一、集装箱货物运输流程

集装箱货物运输流程可以分为两种情况：一是自主发货、自主收货；二是通过货运代理运输与送货。后者又可分为 4 种情况：一是从货主工厂或仓库装车,运输至内陆集散地（场到站），再在码头装船运至目的港码头，卸货后放置内陆集散地（场到站），运送至收货人工厂或仓库，或由收货人自行提货；二是当发货人在内陆地区，在经内陆运输后，则由内河运输至枢纽港码头，转船经干线运输至目的港码头；三是当收货人在内陆地区，货到目的港后，则经内河运输至支线港码头，由内陆运送至收货人；四是当发货人与收货人都在内陆地区时，则双方都需经过内陆运输、内河运输等。集装箱货物流转如图4-2所示。

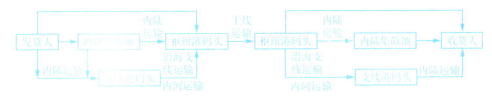

图4-2　集装箱货物流转示意

二、集装箱整箱流转程序

集装箱整箱流转程序如下。

1）船公司预配后，货代凭设备交接单到堆场提箱。

2）发货人在自己工厂或仓库货物装箱地点配箱、装箱。

3）通过内陆运输，将集装箱货物运至集装箱码头。

4）根据堆场计划在堆场内暂存集装箱货物，等待装船。

5）根据装船计划，将集装箱货物装上船舶。

6）通过海上运输，将集装箱货物运送至卸货港。

7）根据卸船计划，从船上卸下集装箱货物。

8）根据堆场计划在堆场内暂存集装箱货物，等待收货人前来提货。

9）通过内陆运输，将集装箱货物运至收货人工厂或仓库。

10）收货人在自己工厂或仓库卸货地点将货物从集装箱内卸下。

11）集装箱空箱运回并送到堆场还箱。

三、集装箱出口货物运输单据

出口单证是指出口地的企业及有关部门涉及的单证，包括贸易合同、出口许可证、出口报关单、包装单据、出口货运单据、商业发票、保险单、汇票、检验检疫证书、产地证等。有关集装箱出口货物运输单据种类如下。

1. 货主提供的单据

货主提供的单据：①出口委托书；②出口货物明细单；③装箱单；④商业发票；⑤合同副本；⑥出口许可证；⑦出口收汇核销单、退税单；⑧报关手册。

2. 货代负责的单据

（1）出口十联单

第一联：集装箱货物托运单（货主留底）。

第二联：集装箱货物托运单（船代留底）。

第三联：运费通知（1）（集装箱货运托运单）。

第四联：运费通知（2）（集装箱货运托运单）。

第五联：装货单（场站收据副本）。

第五联副本：缴纳出口货物港务费申请书。

第六联：大副联（场站收据副本）。

第七联：场站收据。

第八联：货代留底。

第九联：配舱回单（1）（集装箱发放/设备交接）。

第十联：配舱回单（2）（确认订舱、舱位凭证）。

（2）提单

提单（正本/副本），包括分提单（House B/L）和总提单（Ocean B/L）。

（3）海运提单

（4）出口货物报关单据

1）主要单证：报关单、外汇核销单、代理报关委托书、装箱单、商业发票、合同副本、信用证副本。

2）其他单证：出口许可证、免税手册、商检证明、产地证明等。

（5）货物报关清单

（6）进舱通知

（7）集拼货预配清单

（8）集装箱装箱清单

（9）集装箱发放/设备交接单

四、集装箱进口货物运输单据

进口单证是指进口地的企业及有关部门涉及的单证，包括贸易合同、进口许可证、信用证、进口报关单、保险单等。有关集装箱进口货物运输单据种类如下。

1. 收货人提供的单据

收货人提供的单据：①装箱单；②商业发票；③合同副本；④代理报关委托书；⑤代理报检委托书；⑥进口许可证。

2. 货代负责的单据

1）传递货运单证，如提单等。

2）船舶抵港前送交码头业务部门的单据：①货物舱单（Cargo Manifest）；②集装箱载货清单（Container Loading List，Container L/L）（又称集装箱舱单）；③积载图（Stowage Plan）；④集装箱装箱清单；⑤船舶预计到港通知书；⑥装船货物残损报告；⑦特殊货物表。

3）船舶抵港后的单据：①报关单；②报检单；③卸箱清单；④理货单证；⑤集装箱催提单和催提进口货清单；⑥拆箱单；⑦交货记录；⑧到货通知单；⑨提货单。

本节知识要点检查与思考

1）货代办理集装箱货物运输的流程是什么？

2）集装箱在整个货运过程中是怎样流转的？

3）集装箱出口货物运输单据有哪些？

4）集装箱进口货物运输单据有哪些？

第五章

>>>>>>>

班轮运输与租船运输

本章学习任务

1）能用自己的话说出班轮运输与租船运输的相关概念要点。

2）了解班轮运输与租船运输的特点。

3）能用自己的话说出班轮运输与租船运输的异同。

4）了解租船合同的基本内容。

5）掌握班轮货运流程与单证流转程序。

第一节　班轮运输业务

案例导入

　　了解到集装箱货物货运流程之后，小王又提出了一个问题："李经理，集装箱货物运输是班轮运输还是租船运输？"李经理回答："集装箱运输属于班轮运输的一种，另一种叫杂货班轮运输。"小王又问道："那杂货班轮运输与集装箱班轮运输有什么区别呢？"李经理答道："当然有区别了……"

本节任务

　　用自己的语言以李经理的口吻向小王解释杂货班轮运输与集装箱班轮运输的区别。

一、班轮运输的概念

1. 班轮运输的定义

　　班轮运输是海洋运输的一种方式，是指在固定的航线上以既定的港口顺序，按照事先公布的船期表航行，并按事先公布的费率收取运费的一种水上运输方式。目前，班轮运输主要有杂货班轮运输和集装箱班轮运输，其中集装箱班轮运输是主要形式，而杂货班轮运输较少，适合于货流稳定、货种多、批量小的杂货运输。班轮公司具有公共承运人的性质。

2. 班轮运输的各关系方

　　在班轮运输业务中涉及的各方关系人是承运人、托运人、收货人、船舶代理人、货运代理人和装卸与理货人。

二、班轮运输的特点与作用

1. 班轮运输的特点

　　1）"四固定"，即固定航线、固定港口、固定船期和相对固定的费率。

　　2）"一负责"，即货物由班轮公司负责装载与装卸，运费已包括装卸费用，班轮公司和托运人不计滞期费和速遣费。

　　3）承运人对货物负责的时段是从货物装上船起，到货物卸下船止，即"船舷至船舷"或"吊钩至吊钩"。

　　4）班轮公司和货主双方的权利、义务和责任豁免以班轮公司签发的提单条款为依据，并受统一的国际公约制约，也被称为"提单运输"。

2. 班轮运输的作用

　　1）有利于一般杂货和不足整船的小额贸易货物的运输。

　　2）由于"四固定"的特点，时间有保证，运价固定，为贸易双方洽谈价格和装运条件提供了方便，有利于开展国际贸易。

3）班轮运输长期在固定航线上航行，有固定设备和人员，能够提供专门的、优质的服务。

4）由于事先公布船期、运价费率，有利于贸易双方达成交易，减少磋商内容。

5）手续简单，货主方便。由于承运人负责装卸和理舱，托运人只要把货物交给承运人即可，省心省力。

三、班轮运输的货运流程

班轮运输的货运流程与第二章第二节中介绍的国际贸易流程相似，主要货运流程如图 5-1 所示。

图5-1　班轮运输货运流程

四、班轮运输的货运单据及其流转

1. 班轮运输的货运单据

班轮运输的主要货运单据与第四章第四节中介绍的货运单据相似，主要货运单据如下。

（1）托运单

托运单也称为"下货纸"，是托运人根据贸易合同和信用证条款内容填制的，向承运人或其代理办理货物托运的单据。承运人根据托运单内容，并结合船舶的航线、挂靠港、船期和舱位等条件考虑，认为合适后，即接受托运。

（2）装货单

装货单是接受了托运人提出装运申请的船公司签发给托运人，凭以命令船长将承运的货物装船的单据。装货单既可作为装船依据，又是货主凭以向海关办理出口申报手续的主要单据之一。

（3）装货清单

装货清单是承运人根据装货单留底，将全船待装货物按目的港和货物性质归类，依航次、靠港顺序排列编制的装货单汇总清单。它是船上大副编制配载计划的主要依据，又是供现场理货人员进行理货，港方安排驳运，进出库场及承运人掌握情况的业务单据。

（4）海运提单

海运提单是承运人或其代理人应托运人的要求所签发的货物收据（Receipt of Goods），在将货物收归其照管后签发，证明已收到提单上所列明的货物，是一种货物所有权凭证（Document of Title）。提单持有人可据以提取货物，也可凭此向银行押汇，还可在载货船舶到达目的港交货之前进行转让，是承运人与托运人之间运输合同的证明。

（5）提货单

提货单（Delivery Order，D/O）又称小提单。收货人凭正本提单或副本提单随同有效的担保向承运人或其代理人换取的，可向港口装卸部门提取货物的凭证。发放提货单时，应注意如下事项。

1）正本提单为合法持有人所持有。

2）提单上的非清洁批注应转上提货单。

3）当发生溢短残情况时，收货人有权向承运人或其代理获得相应的签证。

4）运费未付的，应在收货人付清运费及有关费用后，方可放提货单。

2. 杂货班轮货运单证流转

1）托运人向船公司在装货港的代理人（也可直接向船公司或其营业所）提出货物装运申请单，递交托运单，填写装货联单。

2）船公司同意承运后，其代理人指定船名，核对装货单无误后，签发装货单，将留底联留下后退还给托运人，要求托运人将货物及时送至指定的码头仓库。

3）托运人持装货单及有关单证向海关办理货物出口报关、验货放行手续，海关在装货单上加盖放行图章后，货物准予装船出口。

4）船公司在装货港的代理人根据留底联编制装货清单送船舶及理货公司、装卸公司。

5）大副根据装货清单编制货物积载计划（Cargo Plan）交代理人分送理货公司、装卸公司等按计划装船。

6）托运人将经过检验及检量的货物送至指定的码头仓库准备装船。

7）货物装船后，理货长将装货单交大副，大副核实无误后留下装货单并签发收货单（Mates Receipt，M/R）。

8）理货长将大副签发的收货单转交给托运人。

9）托运人持收货单到船公司在装货港的代理人处付清运费（预付运费情况下），换取正本已装船提单。

10）船公司在装货港的代理人审核无误后，留下收货单签发提单给托运人。

11）托运人持提单及有关单证到议付行结汇（在信用证支付方式下），取得货款，议付行将提单及有关单证邮寄开证行。

12）货物装船完毕后，船公司在装货港的代理人编妥出口载货清单（Manifest，M/F）送船长签字后向海关办理船舶出口手续，并将出口载货清单交船随带，船舶启航。

13）船公司在装货港的代理人根据提单副本（或收货单）编制出口载货运费清单（Freight Manifest，F/M），连同提单副本、收货单送交船公司结算代收运费，并将卸货港需要的单证寄给船公司在卸货港的代理人。

14）船公司在卸货港的代理人接到船舶抵港电报后，通知收货人船舶到港日期，做好提货准备。

15）收货人到开证行付清货款取回提单（在信用证支付方式下）。

16）卸货港船公司的代理人根据装货港船公司的代理人寄来的货运单证，编制进口载货清单及有关船舶进口报关和卸货所需的单证，约定装卸公司、理货公司联系安排泊位，做好接船及卸货准备工作。

17）船舶抵港后，船公司在卸货港的代理人随即办理船舶进口手续，船舶靠泊后即开始卸货。

18）收货人持正本提单向船公司在卸货港的代理人处办理提货手续，付清应付的费用后换取代理人签发的提货单。

19）收货人办理货物进口手续，支付进口关税；收货人持提货单到码头仓库或船边提取货物。

五、班轮船期表

编制班轮船期表（Liner Schedule）是班轮运输营运组织工作中的一项重要内容。公布班轮船期表有多方面的作用：首先，有利于招揽航线途经港口的货载，既满足货主的需要，又体现海运服务的质量；其次，有利于船舶港口和货物的及时衔接，以便船舶有可能在挂靠港口的短暂时间内取得尽可能高的工作效率；再次，有利于提高船公司航线经营的计划质量。

班轮船期表的主要内容包括航线，船名，航次，编号，始发港、中途港、终点港的港名，到达和驶离的时间及其他有关的注意事项等。国际海上货运代理人不但应了解班轮船期表的内容，还应了解在哪里可以查找到船期表。

六、世界主要班轮公司概述

班轮公司是指运用自己拥有或者自己经营的船舶，提供国际港口之间班轮运输服务，并依据法律规定设立的船舶运输企业。世界上有班轮公司近 300 家，这里仅介绍世界十大班轮公司。

1. 马士基航运公司

马士基集团（Maersk）成立于 1904 年，总部设在丹麦哥本哈根，在全球 100 多个国家设有数百间办事机构，雇员逾 6 万名，服务遍及世界各地。其旗下的马士基航运公司为客户提供各种一站式的服务，包括出口物流、仓储、分拨、空运代理、海运代理、报关代理和拖车服务。马士基航运公司能够根据客户的具体要求，度身定制各种服务，如标签、条形码、取货包装、货物特殊处理、挂衣仓储、客户管理及其他高附加值服务。

2. 地中海航运公司

地中海航运公司（Mediterranean Shipping Company S.A.，MSC）成立于 1970 年，在世界十大集装箱航运公司中排名第二，业务网络遍布世界各地。20 世纪 70 年代，地中海航运专注发展非洲及地中海之间的航运服务。至 1985 年，地中海航运拓展业务到欧洲，之后开办泛大西洋航线。虽然地中海航运在 90 年代才踏足远东区，但在这个朝气蓬勃的市场内，已经占有重要的地位。1999 年，地中海航运的泛太平洋航线正式启航，并迅即广泛地受到寄货人的欢迎。

3. 法国达飞轮船有限公司

总部设在法国马赛的达飞海运集团（CMA-CGM）始建于 1978 年，经营初期主要承接黑海地区业务，进入 20 世纪 90 年代后期，达飞集团不仅开通了地中海至北欧、红海、东南亚、东亚的直达航线，还分别于 1996 年、1999 年成功收购了法国最大的国营船公司——法国国家航运公司（CGM）和澳大利亚国家航运公司（ANL），正式更名为"CMA-CGM"。2005 年，达飞海运集团又成功并购了达贸轮船、安达西非航运、森特马，成为法国第一、世界排名第三的集装箱全球承运人。截至 2009 年，其航迹遍及全球 400 多个港口，服务网络横跨五洲四海，成为全球航运界的后起之秀。

4. 美国总统轮船公司

美国总统轮船（American President Lines，APL）原来是一家有 150 年历史的美国船公司，后来在 1997 年被 NOL（Neptune Orient Lines，新加坡东方海皇集团）吞并，但还是用 APL 的牌子。NOL 的总部在新加坡，业务遍及全球 140 个国家，是全球十大班轮企业之一。NOL 的集装箱运输业务全部由 APL 经营，APL 在亚洲、欧洲、中东和美洲等地区的 90 余个港口间提供了超过 60 条的周班航线，每周停靠码头近 300 次。

5. 长荣海运公司

长荣海运（中国台湾）服务网络遍布全球 80 多个国家，服务据点多达 240 余处，所经营的远、近洋全货柜定期航线涵盖全球五大区块：亚洲—北美航线 / 亚洲—加勒比海地区；亚洲—欧洲航线 / 亚洲—地中海；欧洲—美国东岸大西洋；亚洲—大洋洲 / 亚洲—毛里求斯、南非、南美；亚洲区域航线 / 亚洲—中东、红海 / 亚洲—印度次大陆地区。除了主要航线外，亦开辟了区域性接驳船的服务网。例如，加勒比海及印度次大陆等地区，缩短运送时间，协助货主掌握商机。此外，为了扩大码头使用效能，长荣集团自行投资兴建货柜码头，如中国台湾高雄的第五货柜中心、巴拿马货柜码头及意大利塔兰托货柜码头等，以提高船舶在码头的作业效率及降低营运成本。

6. 赫伯罗特公司

赫伯罗特（Hapag-Lloyd）是德国运输公司组成的一个集装箱航运公司。它成立于 1970 年，由 1847 年的哈帕格和 1857 年的北德意志劳埃德（NDL）两个 19 世纪的公司合并而成。赫伯罗特公司于 1998 年由旅途公司（汉诺威）收购，于 2002 年成为其全资子公司。赫伯罗特是目前世界前五大船公司之一，致力于全球化的集装箱服务，在 100 多个国家拥有约 500 家分支机构，业务遍布于南部欧洲、北部欧洲、北美洲、拉丁美洲和亚洲之间。

7. 中国远洋运输（集团）公司

中国远洋运输（集团）（COSCO）总公司的前身，是成立于 1961 年 4 月 27 日的中国远洋运输公司。1993 年 2 月 16 日，组建以中国远洋运输（集团）总公司为核心企业的中国远洋运输集团。在中国本土，中国远洋运输（集团）公司分布在广州、上海、天津、青岛、大连、厦门、香港等地的全资船公司经营管理着集装箱、散装、特种运输和油轮等各类型远洋运输船队；在海外，以日本、韩国、新加坡、北美、欧洲、澳大利亚、南非和西亚八大区域为辐射点，以船舶航线为纽带，形成遍及世界各主要地区的跨国经营网络。

8. 中国海运（集团）总公司

中国海运（集团）总公司（简称"中国海运"）成立于 1997 年 7 月 1 日，总部设在上海市。中国海运是中央直接领导和管理的重要国有骨干企业之一，是以航运为主业的跨国经营、跨行业、跨地区、跨所有制的特大型综合性企业集团。中国海运主营业务设有集装箱、油运、货运、客运、汽车船运输、特种运输等专业化船队。中国海运在全球 90 个国家和地区，设有中国香港、北美、欧洲、东南亚、西亚 5 个控股公司；境外产业下属 90 多家公司、代理、代表处，营销网点总计超过 300 多个。

9. 韩国韩进海运有限公司

1988 年，韩进集装箱班轮服务有限公司与同样在韩国久负盛名的大韩商船合并后，正式更名为韩进海运有限公司。多年来，韩进海运通过不断引进新型的集装箱船和散货船，以及在主要服务领域发展物流业务逐步使自己的业务内容多元化。目前韩进的全球服务网络已覆盖了六大洲 31 个国家的 62 个主要港口。

10. 日本邮船公司

日本邮船公司（Nippon Yusen Kaisha，NYK）自 1885 年成立以来，经历了无数挑战之后稳步成长起来，并已成功跻身世界顶尖船公司之列，成为世界海运业重要的服务提供商之一。2000 年 3 月，日本邮船公司成立了日本邮船集团物流（中国）公司，总部设在上海。公司重点是转运、内陆运输、仓储和联合服务，所有这些业务都在飞速发展。拥有 5 家分公司（广州、福州、厦门、青岛和天津），还有 6 个办事处（大连、无锡、苏州、南京、宁波和武汉）。

本节知识要点检查与思考

1）简述班轮运输的含义。

2）班轮运输涉及哪些关系方？

3）班轮运输有哪些特点？

4）班轮运输有哪些主要货运单据？

5）世界上有哪些主要班轮公司？

第二节 租船运输业务

案例导入

了解杂货班轮运输与集装箱班轮运输的区别后，小王又追问道："李经理，班轮运输与租船运输有何相同之处？又有何不同之处呢？"李经理回答："当然有区别了。首先，班轮运输与租船运输的定义不同……"

本节任务

用自己的语言以李经理的口吻向小王解释班轮运输与租船运输的区别。

一、租船运输的概念

1. 租船运输的定义

租船运输，又称租船，是指根据协议租船人向船舶所有人租赁船舶用于货物运输，并按商定运价向船舶所有人支付运费或租金的运输方式。租船运输适用于大宗货物运输，有关航线和港口、运输货物的种类及航行的时间等，都按照承租人的要求，由船舶所有人确认。租船人与出租人之间的权利、义务以双方签订的租船合同确定。

2. 租船运输的各关系方

租船合同的当事人是指对租船合同的履行享有权利和承担义务及责任的人。航次租船合同的当事人，应当是船舶出租人和船舶承租人。为此，租船合同中须列明船舶出租人和船舶承租人的名称、住址和主要营业所地址。

3. 租船经纪人

航运市场中，存在着大批专门从事船舶的租赁、订舱、买卖、保险等中介业务的航运经纪人（Ship Broker），其中专门从事租船订舱等经纪业务的经纪人，被称为租船经纪人。传统上认为经纪人为商业领域内从事居间活动的居间人，租船经纪人包括如下。

1）船舶出租人经纪人（the Owner's Broker）是指根据船舶出租人的授权和指示，代表船舶出租人利益在租船市场上从事船舶出租或承揽货源的人。

2）船舶承租人经纪人（the Chatterer's Broker）是指根据承租人的授权和指示，代表承租人利益在租船市场上为承租人洽租合适船舶的人。

3）双方当事人经纪人（both Parties' Broker）是指以中间人身份尽力促成船舶出租人和承租人双方达成船舶租赁交易，从中赚取佣金的人。

二、租船运输的特点与作用

1. 租船运输的特点

1）属不定期船，没有固定的航线、装卸港及航期。

2）没有固定的运价。

3）租船运输中的提单不是一个独立的文件。船方出具的提单一般为只有正面内容的简式提单，并注明"ALL TERMS AND CONDITIONS AS PER CHARTER PARTY"，或"FREIGHT PAYABLE AS PER CHARTER PARTY"。这种提单要受租船契约约束，银行不乐意接受这类提单，除非信用证另有规定。

4）租船运输中的船舶港口使用费、装卸费及船期延误，按租船合同规定划分及计算，而班轮运输中船舶中的一切正常营运支出均由船方负担。

5）租船主要是用来运输国际贸易中的大宗货物。

2. 租船运输的作用

1）租船一般是通过租船市场，由船租双方根据自己的需要选择恰当的船舶，满足不同的需要，为开展国际贸易提供便利。

2）国际间的大宗货物主要是以租船运输，由于运量大，单位运输成本较低。

3）租船运价是竞争运价，一般比班轮运价低，有利于低值大宗货物的运输。

4）只要是船舶能安全出入的港口，租船都可以进行直达运输。

5）一旦贸易增加、船位不足时，租船运输可起到弥补需要的作用。例如，一时舱位有余，为避免停船损失，可租船揽货或转租。

三、租船运输的分类

租船指包租整船。租船费用较班轮低廉，且可选择直达航线，故大宗货物一般采用租船运输。租船方式主要有定程租船（Voyage Charter）、定期租船（Time Charter）和光船租船（Bare-Boat Charter）3 种。

1. 定程租船

（1）含义

定程租船，又称程租船或航次租船，它是根据船舶完成一定航程（航次）来租赁的，租船市场上最活跃，且对运费水平的波动最为敏感的一种租船方式。船方必须按租船合同规定的航程完成货物运输任务，并负责船舶的运营管理及其在航行中的各项费用开支。定程租船的运费一般按货物装运数量计算，也可按航次包租金额计算。

（2）分类

一般可分为按单航次、来回航次、连续单航次和连续来回航次等方式租赁船舶。在国际现货市场上成交的绝大多数货物（主要包括液体散货和干散货两大类）都是通过定程租船方式运输的。

（3）特点

定程租船的特点：无固定航线、固定装卸港口和固定航行船期，而是根据租船人（货主）的需要和船东的可能，经双方协商，在定程租船合同中规定；定程租船合同需规定装卸率和滞期费、速遣费条款；运价受租船市场供需情况的影响较大，租船人和船东双方的其他权利、义务一并在定程租船合同中规定。

2. 定期租船

（1）含义

定期租船，又称期租船，是指按一定期限租赁船舶的方式，即由船东（船舶出租人）将船舶出租给租船人在规定期限内使用，在此期限内由租船人自行调度和经营管理。租期可长可短，短则数月，长则数年。这种租船方式不以完成航次数为依据，而以约定使用的一段时间为限。

（2）特点

定期租船的特点：在租赁期间，船舶交由租船人管理、调动和使用；货物的装卸、配载、理货等一系列工作都由租船人负责，由此产生的燃料费、港口费、装卸费、垫舱物料费等都由租船人负担；租金是按月（天或日历月）以每一载重吨为计算单位计收，租金一经约定即固定不变；船方负担船员薪金、伙食等费用，并负责保持船舶在租赁期间的适航状态（Seaworthy），以及因此而产生的费用和船舶保险费用。

3. 光船租船

（1）含义

光船租船，又称船壳租船、净船期租船。这种租船不具有承揽运输性质，它只相当于一种财产租赁。光船租船是指船舶所有人将船舶出租给承租人使用一定期限，但船舶所有人提供的是空船，承租人要自己任命船长、配备船员，负责船员的给养和船舶经营管理所需的一切费用。也就是说，船舶所有人在租期内除了收取租金外，不再承担任何责任和费用。

（2）特点

光船租船的特点：船舶所有人只提供一艘空船，全部船员由承租人配备并听从承租人的指挥，承租人负责船舶的经营及营运工作，并承担在租期内的时间损失，即承租人不能"停租"；除船舶的资本费用外，承租人承担船舶的全部固定的及变动的费用；租金按船舶的装载能力、租期及商定的租金率计算。

通过船舶所有人与承租人订立光船租船合同，由船舶所有人将船舶的占有权和使用权转移给承租人，船舶所有人仍然保留船舶的所有权。所以说，光船租船合同是财产租赁合同而不是海上运输合同。

四、租船业务流程

租船业务流程与贸易洽谈的流程相似，也是要经过询盘、报盘、还盘、接受、签约等环节。洽订租船合同的业务流程如图 5-2 所示。

租船前询 → 租船报盘 → 租船还盘 → 租船报实盘 → 接受订租 → 签订租船合同

图5-2　租船业务流程

为加速租船合同的签订，出租人与承租人在洽谈中，通常都以某种标准租船合同格式作为基础，再根据运输具体要求，结合市价行情，作必要的修改和补充。因此，出租人与承租人签订的租船合同通常由两部分组成，一是经修改的某一标准租船合同格式，二是补充或附加条款，这部分往往是该租船合同的实质性内容。

五、租船合同

租船合同是船舶所有人与承租人达成的协议，规定承租人以一定的条件向船舶所有人租用一定的船舶或一定的舱位以运输货物，并就双方的权利和义务、责任与豁免等各项以条款形式加以规定，用以明确双方的经济、法律关系。租船合同分为定程租船合同、定期租船合同和光船租船合同。

1. 定程租船合同

（1）特点

定程租船合同是指租期为一个或几个连续航次的租船合同，其性质是货物运输合同。出租人虽将船舶出租，但仍保有对船舶的控制，负责配备船长和船员，并组织营运。承租人租用船舶的目的是运输货物。定程租船合同具有以下特点。

1）合同规定除装卸费由某方负担外，船舶的全部开支由出租人负责。

2）运费按船舶实际装载货物吨数计算，或者拟定一个包干运费。

3）合同定有装卸期限和延滞、速遣条款。实际装卸时期超过期限，由承租人向出租人支付滞期费；装卸提前完成，则由出租人向承租人支付速遣费。

4）关于出租人运输货物责任，大多数租船合同采用目前国际通行的《统一提单的若干法律规定的国际公约》（又称《海牙规则》）或《修改统一提单的若干法律规定的国际公约议定书》（《海牙－维斯比规则》）的规定。

（2）内容

定程租船合同有各种标准格式，通常采用的有波罗的海和国际航运协会制定的"金康"合同（GENCON）和北美粮谷租船合同等。

定程租船合同主要条款：①合同当事人；②船舶概况位置及装卸港口；③船舶受载期

及解约日；④货物种类及数量；⑤运费及支付办法；⑥装卸费分担条款；⑦船舶所有人责任条款；⑧装卸时间条款；⑨签发提单办法；⑩佣金；⑪留置权；⑫共同海损条款；⑬赔偿条款；⑭免责条款等。

2. 定期租船合同

（1）特点

定期租船合同是指出租人将船舶提供给承租人，在约定的期限（数月至数年不等）内按照约定的用途，由承租人控制船舶的经营并向出租人支付租金的合同。定期租船合同有以下特点。

1）合同规定出租人提供适合约定用途的船舶，适当地配备船员和装备船舶，并在租期内维持船舶的适航状态；承租人负责船舶经营，既可以将船舶用于承运自己或他人的货物，也可以经营租船业务或用于其他业务。船长应在合同范围内按承租人的指示运行船舶，但在航行安全方面，仍应接受出租人的命令。

2）承租人负责支付燃料费和港口费，出租人负责支付船员工资和给养、船舶的折旧费、修理费和保险费。

3）租金按舱容或按载重吨计算，每月或每半月由承租人向出租人支付一次。

4）承租人运送第三方货物时，出租人和承租人通常都被视为提单上所载货物的承运人。

（2）内容

定期租船合同有各种标准格式，使用比较多的有纽约产品交易所于1913年制定的定期租船合同及波罗的海和国际航运协会于1939年制定的波尔的姆租船合同。前者偏护承租人，后者偏护出租人。中国租船公司于1980年制定的中租期租船合同为中国租用外国船舶所采用的合同范本。

定期租船合同主要条款：①租船合同的当事人；②船舶规范（包括船名、呼号、船旗、建造年份、船级、登记吨、载重吨、吃水、载货容积、船速、耗油量、起货设备、甲板舱口等）；③租期；④航行范围；⑤交船港及交船期；⑥船东供应项目；⑦租船人供应项目；⑧租金费率及计算方法；⑨还船手续和还船通知；⑩停租条件提单签发；⑪转租；⑫船东及船长责任条款；⑬专门条款等。

3. 光船租船合同

（1）特点

光船租船合同是指承租人在一定租期内为取得对特定船舶的控制和占有，负责配备船长和船员并向出租人支付租金的合同。它是一种财产（船舶）租赁合同，而不是运输合同。光船租船合同有以下特点。

1）光船租赁通常必须在主管当局登记，而且有的国家，特别是从事船舶开放登记的国家，允许在租期内改换船舶国籍。

2）近年来，通过光船租赁以租购方式购置船舶，已成为缺乏资金的航运公司筹措资金扩大商船队的一项比较有效的措施。银行和其他金融机构往往以出租人即卖船人的身份把船舶租售给某些信誉较好的航运公司，租购期满后，船舶所有权就归于该航运公司。

（2）内容

光船租船合同适用于光船租船这一不定期船的营运方式。同定程租船合同和定期租船合同一样，双方当事人在选定的合同格式基础上对此格式加以修改、补充后达成。目前，国际航运界使用较为广泛的光船租船格式是波罗的海航运公会制定的标准光船租船合同（Standard Bareboat Charter），租约代号"贝尔康89"（BARECON）。

光船租船合同主要条款：①船舶说明条款，包括船名、船籍、船级、吨位、容积等内容；②交船与解约条款；③租期条款；④货物与航行区域条款；⑤船舶的使用与保养条款；⑥船舶的检查条款；⑦租金支付条款；⑧还船条款；⑨船舶抵押条款；⑩船舶保险条款；⑪合同的转让与船舶转租条款；⑫出租人和承租人权益的保护条款。

六、班轮运输与租船运输的异同

班轮运输与租船运输都有运速慢、运量大、风险高，适用于各种大宗型货物，运输能力强等特点，但由于运输方式的不同，又有其差异性。班轮运输与租船运输的异同如表5-1所示。

表5-1 班轮运输与租船运输的异同

项 目		班 轮 运 输	租 船 运 输
异	含义	船舶在特定航线上和固定港口之间，按事先公布的船期表进行有规律的、反复的航行	根据双方协商的条件，船舶所有人（船东）将船舶的全部或一部分出租给租船人使用，以完成特定的货物运输任务，租船人按约定的运价或租金支付运费的商业行为
	特点	有固定的航线、港口、船期、费率	没有固定的航线、港口、船期、费率
	服务对象	非特定的、分散的众多货主	特定的大宗货物
	适用范围	一般货物和不是整船的小批量货物	低值的大宗货物，而且一般租用整船装运
	灵活性	较差，按船期表出船	较强，可避免停船损失
	确定权利和义务依据	以签发提单条款为依据，并受统一的国际公约制约	以租船合同的形式加以确定
	费用	运价合理，但较高	受供求关系影响较大，属竞争价格，比班轮运价低
	付费方式	按相对固定的运价费率给付	受供求影响大，需事先进行调查、研究
同		都具有海洋运输的特点：运速慢、运量大、风险高，适用于各种大宗型货物，运输能力强。同时，这两种运输方式都有利于促进我国海洋货物运输业的发展，促进国际贸易，发展我国对外贸易和完成进出口货物运输任务	

本节知识要点检查与思考

1）什么是租船运输？租船运输有哪些关系方？

2）租船运输有何特点？

3）租船运输是如何分类的？各自有何特点？

4）用自己的话简述租船业务流程。

5）班轮运输与租船运输有何异同？

第三节　班轮货运流程与单证流转

案例导入

　　了解班轮运输与租船运输的区别后，小王还想知道班轮货运流程与单证流转程序，于是问道："李经理，我又学到了许多知识。不过今天我最后想请教的问题是班轮运输流程是不是与出口贸易业务的流程一样？货运单据是如何流转的？"李经理回答："班轮运输流程和单证流转程序与我们上次讲到的出口贸易业务的流程比较相似……"

本节任务

　　用自己的语言以李经理的口吻向小王解释班轮运输流程和单证流转程序。

一、班轮货运流程

1. 货物出运

班轮公司的货物出运工作包括揽货（Canvassion）与订舱（Booking）和确定航次货运任务等内容。货运代理人的货物出运工作则包括安排货物托运手续、办理货物交接等内容。

（1）揽货

揽货是指船公司通过各种途径从货主那里争取货源的行为。邀请货主前来托运货物，通过与货主、无船承运人、货运代理人等签订货物运输服务合同或揽货协议来争取货源。

（2）订舱

订舱是托运人（包括其代理人——货运代理人）向班轮公司（即承运人，包括其代理人）申请货物运输，承运人对这种申请给予承诺的行为。托运人的申请可视为"要约"，承运人一旦给予承诺，则货物运输合同订立。

（3）确定航次货运任务

确定航次货运任务，就是确定某一船舶在某一航次所装货物的种类和数量。应充分考虑各票货物的性质、包装、重量、尺码和对运输、保管的不同要求，以及各港口的装卸限制和有关的法律及规章规定。

2. 装船与卸船

（1）货物装船

集装箱班轮运输中，由于班轮公司基本是以场到场作为货物的交接方式，所以集装箱货物的装船工作都会由班轮公司负责。

杂货班轮运输中，有两种接货装船的形式：一是托运人将货物送至船边直接装船或现装，尤其对于特殊货物多采用这种形式，如危险货物、鲜活货、贵重货、重大件货物等；二是托运人将货送至码头指定地点（通常为港口码头仓库），即采用"仓库收货，集中装船"的形式。在船边装船以前货物的责任，根据船公司和装船代理人之间的特约，属装船代理人责任。

（2）货物卸船

在集装箱班轮运输中，同样由于班轮公司基本上是以场到场作为货物的交接方式，所以集装箱货物的卸船工作都会由班轮公司负责。

在杂货班轮运输中，与装船的情况相同，有船边直接卸船或现卸和"集中卸船，仓库交货"两种形式。同样，不论采取怎样的卸船交货形式，船公司的责任都是以船边为责任界限。

3．提取货物

在集装箱班轮运输中，由于大多采用场到场交接方式，而在杂货班轮运输中，由于实务中多采用"集中卸船，仓库交货"的形式，并且收货人必须在办妥进口手续后，方能提取货物。所以，在班轮运输中，通常是收货人先取得提货单，办理进口手续后，再凭提货单到堆场、仓库等存放货物的现场提取货物，而收货人只有在符合法律规定及航运惯例的前提条件下，方能取得提货单。

在提取货物这一流程的实际操作中，注意以下几个问题。

（1）凭银行和收货人的保证书放货

按照一般的航运习惯，收货人就会开具由一流银行签署的保证书，以保证书交换提货单提货。船公司可以根据保证书，将因凭保证书交付货物而发生的损失转嫁给收货人或保证银行。船公司要求收货人和银行出具的保证书的形式及措辞虽各不相同，但大都包括下列内容。

1）因不凭提单提取货物，收货人和银行保证赔偿并承担船公司及其雇员和代理人因此承担的一切责任与遭受的一切损失。

2）对船公司或其雇员或其代理人因此被起诉提供足够的法律费用。

3）对船公司的船舶或财产因此被扣押或羁留或遭到这种威胁，而提供所需的保释金或其他担保以解除或阻止上述扣押或羁留，并赔偿船公司由此遭受的一切损失、损害或费用。

4）收到提单后换回保证书。

5）对于上述保证内容由收货人和银行一起负连带责任。

（2）电放

"电放"（Telex Release）是指在装货港货物装船后，承运人应托运人的请求，收回已签发的全套提单或者不签发提单，而以电讯方式授权其在卸货港的代理人，在收货人不出具提单的情况下，交付货物给托运人指定的收货人。电放情况下，托运人和收货人都要出具保函，但收货人不需要履行解除担保的责任。同时，承运人不能交错货，托运人（卖方）应能收到货款，而收货人（买方）应能提到货物，这是电放中各方应注意的问题。

（3）使用海运单

海运单与提单相比，也具有承运人收到货物的收据和运输合同成立的证明作用，但它不是特权凭证，不得转让。因此，在使用海运单的情况下，收货人无须出具海运单，承运人只要将货物交海运单上所列的收货人，就视为已经做到了谨慎处理。通常收货人在取得提货单提货之前，应出具海运单副本及自己的确是海运单注明的收货人的证明材料。使用海运单，实践中应注意的主要问题如下。

1）对一票货物，使用海运单就不再使用提单等单证。

2）海运单必须记名收货人。

3）海运单通常签发一份正本。

4）收货人提货时不需出具正本海运单，而只要证明其是海运单中的收货人。

5）在收货人向承运人请求提货之前，只要符合要求，托运人有权改变收货人的名称。

（4）选港和变更卸货港

提单上的"卸货港"（Port of Discharge）一栏内有时会记载两个或两个以上可供货主选择的卸货港名称，这种货物被称为"选港货"。通常提单中都载明，对于选港货，要求货主必须在船舶自装货港开航后，抵达第一个选卸港之前的一定时间以前（通常为24小时或48小时），把决定了的卸货港通知船公司及被选定的卸货港船公司的代理人，否则船长有权在任何一个选卸港将货物卸下，并认为船公司已履行了对货物运送的责任。

如果收货人认为有必要将货物改在提单上载明的卸货港以外的其他港口卸货交付，则可以向船公司提出变更卸货港的申请。但是，所变更的卸货港必须是在船舶航次停靠港口范围之内，并且必须在船舶抵达原定卸货港之前或到达变更的卸货港（需提前卸货时）之前提出变更卸货港交付货物，所以，收货人必须交出全套提单才能换取提货单。而且在船公司根据积载情况考虑，变更卸货港卸货和交付货物对船舶营运不会产生严重影响，并接受变更卸货港的申请后，收货人还负担因这种变更而发生货物的翻舱费、倒载费、装卸费，以及因变更卸货港的运费差额和有关手续费等费用。但是在集装箱拼箱运输中，承运人通常不接受选港和变更卸货港的要求。

二、班轮货运单证流转

货物由发货人托运开始至收货人提取货物为止，几种主要班轮货运单证及其流转程序如表5-2所示。

表5-2 班轮货运单证流转程序

货运流程	流转程序	货运单据
订舱	托运人向船公司在装货港的代理人提交托运单，提出货物托运申请，并填写装货单（第五联）	托运单、装货单
确认	船代审核单据，指定船名，将托运单（第二联）和装货单（第八联）留下，在装货单（第五联）上加盖船公司印章连同收货单（第六联）与配仓单（第十联）交给托运人，以缮制报关单、保单等，并要求将货物运送至指定码头仓库	托运单、装货单（第八联）、装货单（第五联）、收货单（第六联）、配仓单（第十联）
编制装货清单	船代根据装货单留底联（第八联）编制装货清单，分别给装货船舶、理货公司、卸货公司	装货联（第八联）、装货清单
编制货物积载图	船大副根据装货清单编制货物积载图，由船代分送理货公司、装卸公司等按计划装船	货物积载图
通知装车	港区根据货物积载图，安排货物集港的日程和码头仓位，然后通知托运人准备装车	
装车	船代或货代码头堆场提箱，托运人在自己工厂或仓库将货物装上集装箱，签发集装箱装箱单，将货物运送至指定的码头仓库，签发场站据（整箱货、拼箱货则为收货单）	配舱回单（第九联）、集装箱装箱单、场站收据（第七联）
保险	若为CIF，托运人办理保险	投保单、保险单
商检	托运人办理出口货物商检	报验单、商检证书、通关单
报关	向海关办理出口货物报关事宜。海关验货后，确认单货相符且手续齐备，在装货单（关单）（第五联）上加盖放行章，将缴纳出口货物港杂费申请书（第五联副本）交理货公司	报关委托书、报关单、通关单、装货单（第五联）、缴纳出口货物港杂费申请书（第五联副本）

续表

货运流程	流转程序	货运单据
通知港区发货	理货公司根据载货船只的到港时间及外轮代理公司交来的单证，编制装船计划，然后凭缴纳出口货物港杂费申请书，通知港区将货物发至船边。港区接到理货公司通知后，立即将有关货物发至船边	装船计划、缴纳出口货物港杂费申请书（第五联副本）
装船	理货公司理货员负责监督装船，具体核对唛头、件数、包装方式、货名与装货单、收货单及有关单据描述是否一致，并在装货单上填入实际装船日期、时间、所装舱位和数量，并签名后将装货单、收货单交船方和船代	装货单（第五联）、收货单（第六联）
船方确认	船方收到装货单、收货单后，留下装货单作为随船货运资料，由大副在收货单上签字或作适当批注后退交托运人	装货单（第五联）、收货单（第六联）
换单	货代（或托运人）收到大副收货后，即可凭此及预制好的提单到外轮代理公司换取正本已装船提单	大副收据（第六联）
签发提单	大副收货单上如无批注，外轮代理公司即可向托运人签发已装船清洁提单，并将提单副本交船方留作货运资料	提单
审核单据	外轮代理公司将实际的出口载货清单与签发的提单核对无误后，分别交船方作为货运资料，交沿途各港及目的港代理作为进口舱单报关	出口载货清单、提单
银行议付	托运人持提单（还有其他单证）到议付行办理结汇手续	信用证项下结汇单据
接船准备	卸货港船代根据装运港船代发过来的货运单据，编制进口载货清单等卸货单据，约定装卸公司、理货公司，联系安排泊位，做好接船与卸货的准备工作	货运单据、进口载货清单
卸货	船舶抵港后，卸货港船代随即办理船舶进口报关手续，船舶靠泊后即开始卸货	船舶报关单
换单	货代（或收货人）向卸货港船代付清相关费用后，以正本提单换取提货单	提单、提货单
报关	货代（或收货人）凭提货单办理货物进口报关手续	提货单、报关单
提货	货代（或收货人）凭提货单在码头仓库或堆场提取货物	提货单

本节知识要点检查与思考

1）班轮货运的流程是什么？

2）采用"电放"形式提货，如何办理手续？

3）用自己的话语谈谈班轮货运单证流转程序。

4）用自己的话解释出口贸易流程与班轮货运流程的异同。

第六章

>>>>>>>>

国际航空货物运输

本章学习任务

1）能用自己的话说出国际航空货物运输的概念及特点。

2）了解国际航空货物的运输方式。

3）了解国际航空货运的主要航线。

4）掌握国际航空进出口货运代理业务流程。

5）学会国际航空货物运费的计算。

第一节　国际航空货物运输概述

一、国际航空货物运输的概念及特点

1. 国际航空货物运输的概念

国际航空货物运输是指一国的提供者向他国消费者提供航空飞行器运输货物并获取收入的活动。

2. 国际航空货物运输的特点

1）运送速度快，适合高价货物和时间性很强的货物的运输。

2）安全、准确，货物灭失与破损率低。

3）适合陆路和水域不方便运输的内陆及其他地区的货物输送。

4）简化、节省货运包装。

5）缩短存货周期，加快商品流通。

6）减少企业备用资金存量，加速资金周转。

7）缺点：容积和载运量较小，成本较高，运价高昂，受天气等运输条件限制。

二、国际航空货物运输的作用

（1）有助于增强商品的竞争力

当今国际贸易有相当数量的洲际市场，商品竞争激烈，市场行情瞬息万变，时间就是效益。航空货物运输具有比其他运输方式更快的特点，可以使进出口货物能够抢行市，卖出好价钱，增强商品的竞争能力，对国际贸易的发展起到了很大的推动作用。

（2）有利于开辟远距离市场

航空货物运输适合于鲜活易腐和季节性强的商品运输。这些商品对时间的要求极为敏感，如果运输时间过长，则可能使商品变为废品，无法供应市场；季节性强的商品和应急物品的运送必须抢行就市，争取时间，否则变为滞销商品，滞存仓库，积压资金，同时还要负担仓储费。采用了航空运输，可保鲜成活，又有利于开辟远距离的市场，这是其他运输方式无法相比的。

（3）满足市场变化的需求

利用航空来运输价值高的商品，如计算机、精密仪器、电子产品、成套设备中的精密部分、贵稀金属、手表、照相器材、纺织品、服装、丝绸、皮革制品、中西药材、工艺品等，以适应市场的变化快的特点。其速度快、商品周转快、存货降低、资金迅速回收、节省储存和利息费用、安全、准确等优点弥补了运费高的缺陷。

（4）国际多式联运的重要组成部分

为了充分发挥航空运输的特长，在不能以航空运输直达的地方，也可以采用联合运输的方式，如常用的陆空联运、海空联运、陆空陆联运，甚至陆海空联运等，国际航空货物运输与其他运输方式配合，使各种运输方式各显其长，相得益彰。

三、国际航空货物运输的方式

国际航空货物运输的方式有班机运输、包机运输、集中托运和航空快递 4 种。

1. 班机运输

（1）概念

班机运输是指在固定航线上定期航行的航班。班机运输一般有固定的始发站、到达站和经停站。货运航班由某些规模较大的专门的航空货运公司或一些业务范围较广的综合性航空公司，在货运量较为集中的航线开辟。对于前者，一般的航空公司通常采用客货混合型飞机，在搭乘旅客的同时也承揽小批量货物的运输。

（2）特点

班机运输具有固定航线、固定航期、固定始发站、固定途经站和固定目的站，便于收发货人确切掌握货物的起运和到达时间，保证货物迅速、安全地运到世界各通航地点，投入市场。班机运输安全、准确、迅速的特点能确保鲜活易腐货物、急需商品、贵重商品的运送服务。

2. 包机运输

由于班机运输形式下货物舱位常常有限，因此当货物批量较大时，包机运输就成为重要方式。包机运输通常可分为整机包机和部分包机。

（1）整机包机

整机包机是指航空公司或包机代理公司按照合同中双方事先约定的条件和运价，将整架飞机租给租机人，从一个或几个航空港装运货物至指定目的地的运输方式。

整机包机的优点：①解决班机仓位不足的矛盾；②货物全部由包机运出，节省时间和多次发货的手续；③弥补没有直达航班的不足，且不用中转；④减少货损、货差或丢失的现象；⑤在空运旺季缓解航班紧张状况；⑥解决海鲜、活动物的运输问题。

整机包机的缺点是单程包机运费比较高。

（2）部分包机

部分包机则是指由几家航空货运代理公司或发货人联合包租一架飞机，或者是由包机公司把一架飞机的舱位分别卖给几家航空货运代理公司的货物运输形式。

包机运输满足了大批量货物进出口运输的需要，同时包机运输的运费比班机运输形式低，且费用随国际市场供需情况的变化而变化，给包机人带来了潜在的利益。但包机运输按往返路程计收费用，存在着回程空放的风险。与班机运输相比，包机运输可以由承租飞机的双方议定航程的起止点和中途停靠的空港，因此更具灵活性。

3. 集中托运

（1）概念

集中托运是指航空货运代理公司把若干批单独发运的货物组成一整批，向航空公司办理托运，采用一份总运单集中发送到同一到达站，由航空货运代理公司到目的地指定的代理收货，然后报关并分拨给各实际收货人的运输方式。

（2）特点

1）节省费用：航空货运公司的集中托运运价一般都低于航空协会的运价，发货人可得到低于航空公司运价，从而节省费用。

2）提供方便：将货物集中托运，使货物到达航空公司可到达地点以外的地方，延伸了航空公司的服务，方便了货主。

3）提早结汇：发货人将货物交给航空货运代理后，即可取得货物分运单，可持分运单到银行尽早办理结汇。

4）集中托运的货物受到限制：一是集中托运只适合办理普通货物，等级运价货物不能办理；二是只能办理目的地相同或临近的货物集中托运。

班机运输中的直接托运与集中托运的区别如表6-1所示。

表6-1　班机运输中的直接托运与集中托运区别

项　　目	直接托运	集中托运
货物交付	货物由货主或航空货运代理交付给航空公司	货物由货主交付给集运商，然后由集运商交付给航空公司
所使用的运单类型	只使用航空公司的货运单	同时使用航空公司的主运单和集运商的分运单
运单填开	航空货运单由航空货运代理人填开；"托运人"栏和"收货人"栏分别填列真正的托运人和收货人	主运单、分运单均由集运商填开；主运单上记载的货物收货人、发货人分别为集中托运商和分拨代理人；分运单上记载的货物收货人、发货人分别为真正的托运人和收货人

4. 航空快递

（1）概念

航空快递业务又称航空急件传送，是目前国际航空运输中最快捷的运输方式。它是由一个专门经营快递业务的机构与航空公司密切合作，设专人用最快的速度在货主、机场、收件人之间传送急件，特别适用于急需的药品、医疗器械、贵重物品、图纸资料、货样及单证等的传送，被称为"桌到桌运输"（Desk to Desk Service）。

（2）特点

1）快递公司有完善的快递网络：快递以时间、递送质量区别于其他运输形式，它的高效运转只有建立在完善的网络上才能进行。这种网络要求无论始发地、中转地、到达地都能以服务于网络这个目的进行，同时网络具有相当强的整合能力。

2）以收运文件和小包裹为主：文件包括银行票据、贸易合同、商务信函、装船单据、小件资料等，包裹包括机器上的小零件、小件样品、急用备件等。

3）使用特殊的单据：交付凭证（Proof of Delivery，POD）是一种其他运输形式所没有的快运业务单据，它具有商务合同作用、分运单作用、服务时效与服务水平记录作用；配合计算机检测、分类、分拨作用；结算作用。

4）流程环节全程控制：从服务层次看，航空快运因设有专人负责，减少了内部交接环节，缩短了衔接时间，因而运送速度快于普通航空货运业务和邮递业务，这是快运业务有别于其他运输形式的最本质、最根本的一点。

5）高度的信息化控制：从服务质量看，航空快件在整个运输过程中都处于计算机的监控之下，快件每经一个中转港或目的港，输入其动态（提货、转运、报关等）都会输入计算机，派送员将货送交收货人时，让其在交付凭证上签收（日期、姓名）后，计算机操作员将送货情况输入计算机，这样，信息很快就能反馈到发货方。

特快专递与航空快递的区别如表 6-2 所示。

表6-2　特快专递与航空快递的区别

项　目	特快专递	航空快递
运输方式	航空、铁路、公路、水路运输	航空运输
运输成本	低，物流派送	高，须二程运输
货运速度	快	较慢
货运量	小	大
运价	高	低
适运货物	小件商品	大宗商品、易碎品等
运送地域	广，可以抵达乡村	窄，以城市区域为主

四、国际航空运单

1．航空运单的概念

航空运单是航空货物运输的凭证，是订立契约、接受货物和运输条件，以及关于货物的重量、尺码、包装和件数等的初步证据。航空运单是承托双方的运输合同，本身不能代表其项下的货物，也不是货物所有权的证明，通常不具有转让性。

2．航空运单的作用

1）是承运人与托运人之间缔结货物运输契约的凭证。

2）是承运人接收货物的证明文件。

3）是运费结算凭证和运费收据。

4）是国际进出口货物办理报关的必备单证。

5）可作为保险证书。

6）是承运人组织货物运输的依据。

3．航空运单的种类

（1）航空总运单

凡是由航空公司签发的航空运单被称为总运单。航空总运单是航空公司据以办理货物运输和交付的依据，每一批经航空运输的货物都有自己相对应的航空总运单。

（2）航空分运单

在集中托运的情况下，除了航空公司签发航空总运单外，集中托运人还要签发航空运单。

集中托运人在办理集中托运业务时，签发的航空运单被称为航空分运单。

4. 航空运单的组成

我国国际航空货运单由一式十二联组成，包括三联正本、六联副本和三联额外副本。航空运单的正本一式三份，每份都印有背面条款。在货运单填制后，将正本3（托运人联）交给托运人，作为承托双方运输合同成立的证明，同时也可作为货物预付运费时交付运费的收据。该联还是承运人收到货物的依据。正本1由承运人留存，作用有两个：一是作为承托双方运输合同成立的证明；二是交承运人财务部门，作为记账凭证。正本2随货同行，在货物到达目的地、交付给收货人时，作为核收货物的依据。国际航空货运单联数构成如表6-3所示。

表6-3　国际航空货运单联数构成

名称及分发对象	颜　色
Original 3（正本3，给托运人）	浅蓝色
Copy 9（副本9，给代理人）	白色
Original 1（正本1，交出票航空公司）	浅绿色
Original 2（正本2，给收货人）	粉红色
Copy 4（副本4，提取货物收据）	浅黄色
Copy 5（副本5，给目的地机场）	白色
Copy 6（副本6，给第三承运人）	白色
Copy 7（副本7，给第二承运人）	白色
Copy 8（副本8，给第一承运人）	白色
Extra Copy（额外副本，供承运人使用）	白色
Extra Copy（额外副本，供承运人使用）	白色
Extra Copy（额外副本，供承运人使用）	白色

本节知识要点检查与思考

1）国际航空货物运输的概念和特点是什么？

2）国际航空货物运输方式有哪几种？各有何特点？

3）航空运单有几种分类？运单有多少份？

4）航空运单有何作用？

第二节　国际航空区与主要航线

案例导入

小王来到了航空部上班不久，名片也很快被印出来。小王发现自己名片上方印了"IATA"，就好奇地问李经理："这是什么？不像是公司的Logo呀！"李经理笑道："这是一个空运组织，有实力的公司才能加入的……"

本节任务

用自己的语言以李经理的口吻向小王解释IATA到底是什么。

一、国际民用航空管理机构

1. 国际民用航空组织

国际民用航空组织（International Civil Aviation Organization，ICAO）是政府间的国际航空机构，它是根据 1944 年芝加哥《国际民用航空公约》设立的，总部设在加拿大的蒙特利尔，是联合国所属专门机构之一。该组织的宗旨是使国际民用航空业能安全且有秩序地发展，使国际航空运输能基于机会均等之上并经济、健康地营运。

中国是《国际民用航空公约》创始国之一，1944 年国民党政府签署该公约，1946 年中国成为正式会员国。1971 年，国际民航组织通过决议承认中华人民共和国为中国唯一合法代表。1974 年，中国承认该公约并正式开始参加该组织活动。

2. 国际航空运输协会

国际航空运输协会（International Air Transport Association，IATA，以下简称国际航协）是各国航空运输企业之间的组织，于 1945 年 4 月 15 日在古巴哈瓦那成立，其前身是国际航空业务协会（International Air Traffic Association）。国际航协有两个总部，一个在蒙特利尔，另一个在哈瓦那。该协会的宗旨：一是为世界人民的利益，促进安全、准时和经济的航空运输的发展，扶持航空商业并研究与之相关的问题；二是为直接或间接从事国际航空运输服务的各航空运输企业，提供协作的途径；三是为开展与国际民航组织、其他国际组织和地区航空公司协会的合作提供便利。

1993 年，我国国际航空公司、东方航空公司和南方航空公司正式加入了国际航协。此后，我国其他航空公司也相继加入了国际航协。

二、国际航空运输区域划分

对国际航空运输区域的划分，在充分考虑了世界上各个不同国家、地区的社会经济及贸易发展水平后，国际航协将全球分成 3 个区域，简称为航协区（IATA Traffic Conference Areas），每个航协区内又分成几个亚区。由于航协区的划分主要从航空运输业务的角度考虑，依据的是不同地区不同的经济、社会及商业条件，因此和我们熟悉的世界行政区划有所不同。国际航空运输区域划分如表 6-4 所示。

表6-4　国际航空运输区域划分

航　区	区　域	分　区	国家及地区
一区（TC1）	包括北美、中美、南美、格陵兰、百慕大和夏威夷群岛		
二区（TC2）	由整个欧洲大陆（包括俄罗斯的欧洲部分）及毗邻岛屿，冰岛、亚速尔群岛，非洲大陆和毗邻岛屿，亚洲的伊朗及伊朗以西地区组成	非洲区	含非洲大多数国家及地区，但北部非洲的摩洛哥、阿尔及利亚、突尼斯、埃及和苏丹不包括在内
		欧洲区	包括欧洲国家和摩洛哥、阿尔及利亚、突尼斯3个非洲国家和土耳其。俄罗斯仅包括其欧洲部分
		中东区	包括巴林、塞浦路斯、埃及、伊朗、伊拉克、以色列、约旦、科威特、黎巴嫩、阿曼、卡塔尔、沙特阿拉伯、苏丹、叙利亚、阿联酋、也门等

续表

航　区	区　域	分　区	国家及地区
三区（TC3）	由整个亚洲大陆及毗邻岛屿（已包括在二区的部分除外），澳大利亚、新西兰及毗邻岛屿、太平洋岛屿（已包括在一区的部分除外）组成	南亚次大陆区	包括阿富汗、印度、巴基斯坦、斯里兰卡等南亚国家
		东南亚区	包括中国（含港、澳、台）、东南亚诸国、蒙古国、俄罗斯亚洲部分及土库曼斯坦等独联体国家、密克罗尼西亚等群岛地区
		西南太平洋洲区	包括澳大利亚、新西兰、所罗门群岛等

三、世界主要国际航线

1. 航线的定义

运输飞行，必须按照规定的线路进行，这种路线叫作航空交通线，简称航线。航线不仅确定了航行的具体方向、经停地点，还根据空中管理的需要规定了航路的宽度和飞行的高度层，以维护空中交通秩序，保证飞行安全。

按照飞机飞行的起讫点，航线可分为国际航线、国内航线和地区航线三大类。国际航线是指飞行路线连接两个或两个以上国家的航线；国内航线是指在一个国家内部的航线，它又可分为干线、支线和地方航线三大类；地区航线是指在一国之内，连接普通地区和特殊地区的航线，如中国内地与香港、澳门、台湾地区之间的航线。另外，航线还可分为固定航线和临时航线，临时航线通常不得与航路、固定航线交叉，或是通过飞行频繁的机场上空。

2. 世界主要航线

（1）北大西洋航线

北大西洋航线是连接欧洲与北美之间的最重要的国际航线。它集中分布于中纬地区的北大西洋上空，来往于欧洲的伦敦、巴黎、法兰克福、马德里、里斯本和北美的纽约、费城、波士顿、蒙特利尔等主要国际机场之间，它是目前世界上最繁忙的国际航线。

（2）北太平洋航线

北太平洋航线是连接北美和亚洲之间的重要航线，穿越浩瀚的太平洋及北美大陆，是世界上最长的航空线。它东起北美大陆东岸的蒙特利尔、纽约等地，横穿北美大陆后，从西海岸的温哥华、西雅图、旧金山、洛杉矶等地飞越太平洋，途中有位于太平洋当中的火奴鲁鲁等中继站，西到亚洲东部的东京、北京、上海、香港、曼谷、马尼拉等城市。

（3）欧亚航线

欧亚航线是横穿欧亚大陆、连接大陆东西两岸的重要航线，又称西欧—中东—远东航线。它对东亚、南亚、中东和欧洲各国之间的政治、经济联系起到重要作用。

此外，还有欧非航线、欧洲—拉丁美洲航线、北美—拉丁美洲航线、北美—非洲航线、北美—大洋洲航线、亚洲—大洋洲航线和北极航线。北极航线是穿越北极上空的重要航线。

3. 中国对外运输的主要航线

1）中国国际航线以北京为中心，通过上海、广州、乌鲁木齐、大连、昆明、厦门等航空口岸向东、西、南三面辐射。

2）中国国际航线的主流呈东西向。向东连接日本、北美，向西连接中东、欧洲。它是北半球航空圈的重要组成部分。

3）中国国际航线是亚太地区航空运输网的重要组成部分。它与南亚、东南亚、澳大利亚等地有着密切联系。

四、世界重要的国际航空港

目前世界上主要的国际航空港有 175 个，其中亚洲 44 个、非洲 40 个、欧洲 41 个、拉丁美洲 29 个、北美洲 8 个、太平洋岛屿及其他地区 13 个。世界主要国际航空港如表 6-5 所示。

表6-5 世界主要国际航空港

区　域	国际航空港
北美	华盛顿、纽约、芝加哥、蒙特利尔、奥特兰大、洛杉矶、旧金山、西雅图
欧洲	伦敦、巴黎、法兰克福、苏黎世、罗马、维也纳、柏林、哥本哈根、华沙、莫斯科、布加勒斯特、雅典
非洲	开罗、喀土穆、内罗毕、约翰内斯堡、布拉柴维尔、拉各斯、达喀尔、阿尔及尔
亚洲	北京、上海、东京、香港、马尼拉、曼谷、新加坡、仰光、加尔各答、孟买、卡拉奇、贝鲁特
拉丁美洲	墨西哥城、加拉加斯、里约热内卢、布宜诺斯艾利斯、圣地亚哥、利马
太平洋及太平洋岛屿	悉尼、奥克兰、楠迪、火奴鲁鲁

本节知识要点检查与思考

1）什么是国际航线？什么是国内航线？

2）国际航空运输的区域是如何划分的？

3）世界上有哪些主要航线？我国隶属哪条航线？

4）简述中国对外运输的主要航线。

第三节　国际航空货运代理业务

案例导入

了解 IATA 的含义之后，小王又好奇地问道："李经理，既然我们公司的名片上可以印出'IATA'字样，我们公司的代理级别一定很高吧。"李经理笑答："当然高，我们是一级货代。""那一级货代与二级货代有什么区别呢？""当然有区别了……"

本节任务

用自己的语言以李经理的口吻向小王解释国际航空代理级别的区分。

一、国际航空货运代理概述

1. 国际航空货运代理的定义

国际航空货运代理是指接受进出口货物发货人或收货人的委托，以委托人或自己的名义，为委托人办理国际航空货运及相关业务并收取服务报酬的人。

2. 国际航空货运代理的职能

航空货运代理公司作为货主和航空公司之间的桥梁与纽带，一般具有以下两种职能。

1）为货主提供服务的职能，代替货主向航空公司办理托运货物或提取货物。

2）航空公司的代理职能，经航空公司授权代替航空公司接受货物，出具航空公司主单和自己的分单，或从事机场地面操作业务。

3. 国际航空货运代理的种类

（1）国际航空货运代理

这类代理仅作为进出口发货人、收货人的代理人，严禁从航空公司处收取佣金。

（2）国际航空运输销售代理

这类代理作为航空公司的代理人，代为处理国际航空客货运输销售及其相关业务。空运销售代理又可分为一级销售代理和二级销售代理两类，他们的区别如表6-6所示。

表6-6　一级代理和二级代理的区别

项　目	一级代理	二级代理
审批	经过商务部、中国民航总局批准	未经过商务部、中国民航总局批准
权限	有领单权、订舱权和向海关申请监管仓库权	没有上述3项权利

4. 国际航空货运代理的业务范围

航空货运代理除了提供订舱、租机、制单、代理包装、代刷标记、报关报验、业务咨询等传统代理业务之外，还提供以下服务：①集中托运业务；②地面运输；③多式联运服务。

5. 国际航空货运代理的当事人

国际航空货运代理涉及的当事人主要有发货人、收货人、航空公司（承运人）和航空货运公司。航空货运公司可以是货主代理，也可以是航空公司的代理，也可身兼二职。

6. 国际航空货运代理当事人的责任划分

国际航空货运代理当事人的责任划分如图6-1所示。

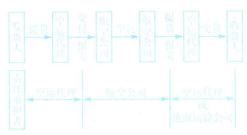

图6-1　空运当事人的责任划分

二、国际航空进口货运代理业务流程

1. 代理预报

在国外发货之前,国外代理公司会将运单、航班、件数、重量、品名、实际收货人及其地址、联系电话等内容,通过传真或 E-mail 发给目的地代理公司。这一过程被称为预报。

2. 交接单、货

货代凭到货通知向货站办理提货事宜。交接时要做到以下两点。
1）单、单核对,即交接清单与总运单核对。
2）单、货核对,即交接清单与货物核对。

3. 理货与仓储

航空货运公司自航空公司接货后,即短途驳运进自己的监管仓库,组织理货及仓储。

4. 理单与到货通知

（1）理单
1）集中托运,总运单项下拆单。
2）分类理单、编号。
（2）到货通知
1）发出到货通知及时性要求。
2）到货通知的内容。

5. 制单与报验报关

（1）进口报验
需要进行商检的货物须向出入境检验检疫局申报,查验合格后出入境检验检疫局将出具证明文件,由报关行或者货主/货代交给海关,再进行进口报关海关程序。
（2）进口报关
制单是指按海关要求,依据运单、发票、装箱单及证明货物合法进口的有关批准文件,制作进口货物报关单。

6. 收费与发货

办完报关、报验等进口手续后,货主须凭盖有海关放行章、检验检疫章（进口药品须有药品检验合格章）的进口提货单到所属监管仓库付费提货。

7. 送货与转运

1）送货上门业务:主要指进口清关后货物直接运送至货主单位,运输工具一般为汽车。
2）转运业务:主要指将进口清关后货物转运至内地的货运代理公司,运输方式主要为飞机、汽车、火车、水运、邮政。
3）进口货物转关及监管运输:货物入境后不在进境地海关办理进口报关手续,而运往另一设关地点办理进口海关手续;在办理进口报关手续前,货物一直处于海关监管之中。

三、国际航空出口货运代理业务流程

1. 市场销售

承揽货物是空代业务的核心。在具体操作时，须及时向出口单位介绍本公司的业务范围、服务项目、各项收费标准，特别是向出口单位介绍优惠运价、介绍本公司的服务优势等。

2. 委托运输

在双方就航空货运代理事宜达成意向后，航空货运代理就可以向发货人提供一份自己所代理的航空公司的空白国际货物托运书，让发货人填写。

3. 审核单证

空代从发货人处取得单据后，应指定专人对单证进行认真核对，查看单证是否齐全、内容填写是否完整规范。

4. 预配舱

代理人汇总所接受的委托，制定预配舱方案，并对每票货配上运单号。

5. 预订舱

代理人根据预配舱方案，向航空公司预订舱。一般来说，大宗货物、紧急物资、鲜活易腐物品、危险品、贵重物品等，必须预订舱位。非紧急的零散货物，可以不预订舱位。

6. 接受单证

货代接受托运人或其代理人送交的已经审核确认的托运书及报关单证和收货凭证，将计算机中的收货记录与收货凭证核对。

7. 填制货运单

直接运输的货物，填开航空公司运单即可，并将收货人提供的货物随机单据订在运单后面。如果是集中托运的货物，必须先为每票货物填开航空货运代理公司的分运单，然后填开航空公司的总运单。还需要制作集中托运货物舱单，并将舱单、所有分运单及随行单据装入一个信袋，订在运单后面。最后制作空运出口业务日报表，供制作标签用。

8. 接收货物

货物一般是运送到货代仓库或直接送到机场货站，接收货物一般与接单同时进行。

接货时，双方应办理货物的交接、验收手续，并进行过磅称重和丈量，并根据发票、装箱单或送货单清点货物，并核对货物的数量、品名、合同号或唛头等是否与货运单上所列一致；检查货物的外包装是否符合运输的要求。

9. 标记和标签

1）标记：在货物外包装上由托运人书写的有关事项和记号。

2）标签：按标签的作用划分，有识别标签、特种货物标签和操作标签；按标签的类别划分，有航空公司标签和分标签。

10. 配舱

配舱时，需运出的货物都已入库。这时需要核对货物的实际件数、重量、体积与托运书上预报数量的差别；应注意对预订舱位、板箱的有效领用及合理搭配，按照各航班机型、板箱型号、高度、数量进行配载。同时，对于货物晚到、未到情况及未能顺利通关放行的货物作出调整处理，为制作配舱单做准备。

11. 订舱

订舱，就是将所接收空运货物向航空公司正式提出运输申请并订妥舱位。

12. 出口报检报关

在办理完报检与报关手续后，经海关审核无误，海关官员即在用于发运的运单正本上加盖放行章。

13. 出仓单

配舱方案制定后，就可着手编制出仓单。

14. 提板箱

货代向航空公司办理申领板、箱的相应手续，以便装货。

15. 装板箱

装板箱，俗称"打板"，即将货物装箱。

16. 签单

货运单在盖好海关放行章后，还需到航空公司签单，只有签单确认后才允许将单、货交给航空公司。

17. 交接发运

交接是向航空公司交单、交货，而交单就是将随机单据和应由承运人留存的单据交给航空公司。

本节知识要点检查与思考

1）国际航空货运代理是如何分类的？
2）一级代理与二级代理有何区别？
3）国际航空货运代理当事人的责任是如何划分的？
4）简述国际航空进口货运代理业务流程。
5）简述国际航空出口货运代理业务流程。

第四节　国际航空货物运费计收

案例导入

小王在审核一份航空运单时，发现航空货物运费栏目的填写与海运单据不同，于是向李经理请教，问道："李经理，空运货物的费用是如何计算的？"李经理回答："航空运费一般包括航空运费、货物声明价值附加费等，以普通货物运价为例，其计算步骤是……"

本节任务

用自己的语言以李经理的口吻向小王解释国际航空普通货物的计算方式。

一、航空运费计算基础知识

1. 航空运费计算的基本概念

（1）运价

运价（Rate）又称费率，是指承运人对所运输的每一重量单位货物（千克或磅）所收取的自始发机场到目的地机场的航空费用。

（2）航空运费

航空运费（Weight Charge）是指航空公司将一票货物自始发机场运至目的地机场所应收取的航空运输费用。该费用根据每票货物（使用同一份航空货运单的货物）所适用的运价和货物的计费重量（Chargeable Weight，CW）计算而得，不包括其他费用。

（3）其他费用

其他费用是指由承运人、代理人或其他部门收取的与航空货物运输有关的费用。

（4）起码运费

起码运费（最低运费）（Minimun Charge）是指一票货物自始发站机场至目的地机场航空运费的最低限额。货物按其适用的航空运价与计费重量计算所得的航空运费，应与货物最低运费相比，取高者。

2. 计费重量

航空货物运费的计算应考虑 3 个因素，即计费重量、运价和货物的价值声明。

计费重量是指用以计算货物航空运费的重量。货物的计费重量或者是货物的实际毛重（Actual Weight，AW），或者是货物的体积重量（Volume Weight，VW），或者是较高重量分界点的重量。

（1）实际毛重

实际毛重是指包括货物包装在内的货物重量。由于飞机最大起飞全重及货舱重量有限制规定，一般情况下，对于高密度货物，应考虑以实际毛重作为计费重量。

（2）体积重量

按照国际航协规则，将货物的体积按一定的比例折合成的重量，称为体积重量。轻泡货物一般按体积重量计算。计算方式：将包装物的长、宽、高的小数部分按四舍五入取整，换算出标准为每6 000立方厘米折合1千克，其公式为

体积重量（千克，kgs）= 货物体积/6 000（立方厘米/千克）

（3）计费重量

通常货物的实际毛重与货物的体积重量两者比较取高者，但当货物按照较高重量分界点的较低运价计算的航空运费较低时，则以比较高重量分界点的货物起始重量作为货物的计费重量。

国际航协规定，国际货物的计费重量以0.5千克为最小单位，重量尾数不足0.5千克的，按0.5千克计算；0.5千克以上不足1千克的，按1千克计算。

二、国际航空货物运价类别

1. 按规定的途径划分

（1）协议运价

协议运价是指通航各方的航空公司商议后形成的，并报各国政府获准后共同遵守使用的运价。

（2）国际航协运价

国际航协运价是指国际航协在空运货物运价表（the Air Cargo Tariff，TACF）上公布的运价。

2. 按商品种类、等级划分

（1）特种货物运价

特种货物运价又称指定商品运价（Specific Commodity Rate，SCR），通常是承运人根据在某一航线上经常运输某一种类货物的托运人的请求，或为促进某地区间某一类货物的运输，经国际航协同意所提供的优惠运价。

（2）等级货物运价

等级货物运价是指在规定的业务区内或业务区之间的运输特别指定的货物的等级运价，仅适用于在指定的地区少数货物的运输。国际航协规定的这类货物包括活动物、贵重物品、书报杂志等物品，以及作为货物托运的行李、尸体、骨灰、汽车。等级货物运价是在一般货物运价的基础上附加或附减一定百分比构成的。其起码重量规定为5千克。通常，附加或既不附加也不附减的货物用"S"表示，附减的货物用"R"表示。

（3）一般货物运价

一般货物运价即普通货物运价（General Chargeable Rate，GCR），不属于上述两种货物运价，以45千克为划分点，45千克以上的货物较45千克以下的运价低。通常，大于45千克的货物用"N"表示，小于或等于45千克的货物的各重量分级点的运价用"Q"表示。

3. 航空附加费

（1）声明价值费

《统一国际航空运输某些规则的公约》（又称《华沙公约》）对由于承运人自身的疏忽或故意造成的货物的灭失、损坏或延迟，规定了最高赔偿责任限额，这个金额一般被理解为每千克 20 美元或每磅 9.07 英镑或其他等值货币。如果货物的价值超过了上述值，即增加了承运人的责任，承运人要收取声明价值费。否则即使出现更多的损失，承运人对超出的部分也不承担赔偿责任。

货物的声明价值针对整件货物而言，不允许对货物的某部分声明价值。声明价值费的收取依据货物的实际毛重，计算公式为

$$声明价值费＝（货物价值－货物毛重 \times 20 美元 / 千克）$$
$$\times 声明价值费费率（通常为 0.4\% \sim 0.5\%）$$

如果发货人不办理声明价值，则应在运单的有关栏目中填上"NVD"（No Value Declared）字样。

（2）其他附加费

其他附加费包括制单费、货到付款附加费、提货费等，一般只有在承运人或航空货运代理人或集中托运人提供服务时才收取。

三、国际航空货物运价使用规则

1）直达货物运价优先于分段相加组成的运价。
2）指定商品运价优先于等级货物运价和普通货物运价。
3）等级货物运价优先于普通货物运价。

四、普通货物的计算方法

普通货物的计算，按照以下步骤进行。

1）计算计费重量：计算货物体积（立方米），除以 0.006 折合成体积重量（立方米 / 千克）。

2）确定计费重量：体积重量与实际重量比较，选择较高者。

3）找出适用运价：根据计费重量对应的重量分界点运价来选择。当计费重量接近下一个较高重量分界点时，按照较高重量分界点的较低价计算航空费用，然后与适用运价计算的运费进行比较，取低者，最低运费用"M"表示。

4）计算航空运费：航空运费＝计费重量 × 适用运价。

【例题】根据以下资料计算运费。

Routing:　　　　　Guangzhou China to Paris France

Commodity:　　　Parts，2 Cartons

Gross Weight:　　85 kg

Dimension:　　　（100cm×58cm×48.5cm）×2

公布普通运价如表 6-7 所示，燃油附加费 15%。

请计算该批货物空运的总运费。

表6-7　普通运价表1

	KG	RMB
M		320
N		50
Q	+45	42
	+100	40
	+300	38
	+500	35
	+1 000	32

题解：

实际毛重：85 千克

体积重量：$100 \times 58 \times 48.5 \div 6\,000 \times 2 \approx 94$（kgs）

因为体积重量＞实际毛重，所以空运计费重量＝94kgs。

运费：$94 \times 42 = 3\,948$（元）

总运费：$3\,948 \times（1 + 15\%）= 4\,540.2$（元）

【例题】根据以下资料计算运费。

Routing：Beijing China（BJS）to Tokyo Japan（TYO）

Commodity：Moon Cake

Gross Weight：1 Pieces，5.8kgs

Dimensions：42cm×35cm×15cm

公布普通运价如表 6-8 所示，计算该票货物的航空运费。

表6-8　普通运价表2

Beijing	CN		BJS
Y. RMB	CNY		KGS
Tokyo	JP	M	230.00
		N	37.51
		45	28.13

题解：

体积：$42 \times 35 \times 15 = 22\,050$（cm³）

体积重量：$22\,050 \div 6\,000 \approx 3.68$（kgs）$\approx 4.0$（kgs）

毛重：5.8kgs

计费重量：6.0kgs

运价率：GCRN：37.51CNY/kg

运费：$6.0 \times 37.51 = 225.06$（CNY）＜M＝230.00 CNY

最终运费：230.00 CNY

五、特种货物的计算方法

特种货物的计算，按照以下步骤进行。

1）查运价表，若是始发地至目的地之间公布的特种货物运价，则考虑使用 SCR。

2）查空运货物运价手册（TACT Books），找出特种货物的编号。

3）计算计费重量。

4）计算运费。

① 若计算重量＞ SCR 最低重量，则优先使用 SCR，运费＝计费重量 ×SCR。

② 若计费重量＞ SCR 最低重量，则需要比较：

按 GCR 计算运费，运费＝计算重量 ×GCR ；

按 SCR 计算运费，运费＝ SCR 最低重量 ×SCR。

取二者中低者为最后运费。

【例题】根据以下资料计算运费。

Routing: Shanghai China（SHA）to Osaka Japan（OSA）

Commodity：Fresh Apples

Gross Weight：Each 65.2kgs Total 5 Pieces

Dimensions：（102cm×44cm×25cm）×5

公布运价如表 6-9 所示。

表6-9　普通运价表3

Beijing	CN		BJS
Y. RMB	CNY		KGS
Tokyo	JP	M	230.00
		N	37.51
		45	28.13
	0008	300	18.80
	0300	500	20.61

题解：

体积重量：$102×44×25×5÷6\,000 = 93.5$（kgs）

实际毛重：$65.2×5 = 326$（kgs）

计费重量：326kgs

按特种货物运价得知：SCR 0008/Q300 18.80 CNY/kgs

航空运费：$326×18.80 = 6\,128.80$（CNY）

【例题】根据以下资料计算运费。

Routing：Beijing China（BJS）to Nagova Japan（NGO）

Commodity：Fresh Orange

Gross Weight：Each 47.8kgs

Dimensions：（128cm×42cm×36cm）×6

公布运价如表 6-10 所示。

表6-10　普通运价表4

Shanghai Y. RMB	CN CNY		BJS KGS
Nagova	JP	M	230.00
		N	37.51
		45	28.13
	0008	300	18.80
	0300	500	20.61

题解：

1）按普通货物运价使用规则计算：

体积重量：$128 \times 42 \times 36 \times 6 \div 6\,000 = 193.536$（kgs）$\approx 194$（kgs）

实际毛重：$47.8 \times 6 = 286.8$（kgs）≈ 287（kgs）

计费重量：287kgs

计费重量没有满足 0008 最低要求 300 千克

按普通货物运价得知：GCR Q45 28.13 CNY/kgs

航空运费：$287 \times 28.13 = 8\,073.31$（CNY）

2）按特殊货物运价使用规则计算：

实际毛重：$47.8 \times 6 = 286.8$（kgs）≈ 287（kgs）

计费重量：300kgs

按特殊货物运价得知：SCR 0008/Q300 18.80 CNY/kgs

航空运费：$300 \times 18.80 = 5\,640$（CNY）

对比 1）和 2），取运费较低者，因此航空运费为 5 640 CNY。

六、等级货物的计算方法

等级货物的计算步骤与特种货物的计算步骤相同。

【例题】根据以下资料计算运费。

Routing：Beijing China（BJS）to Vancouver　Canada（YVR）

Commodity：Panda

Gross Weight：400kgs

Dimensions：150cm × 130cm × 120cm

公布运价如表 6-11 所示。

表6-11　普通运价表5

Beijing Y. RMB	CN CNY		BJS KGS
Vancouver	CA	M	420.00
		N	59.61
		45	45.68
		100	41.81
		300	38.79
		500	35.77

题解：

查找活动物运价表，从北京到温哥华属于自三区运往一区的加拿大运价的构成形式——150% of Appl. GCR。

1）按查找的运价构成形式计算：

体积重量：$150 \times 130 \times 120 \div 6\,000 = 390$（kgs）

实际毛重：400kgs

计费重量：400kgs

适用运价：S 150 of Application GCR

即 $150\% \times 38.79 \approx 58.19$（CNY/kgs）

航空运费：$400 \times 58.19 = 23\,276.00$（CNY）

2）计费重量已经接近下一个较高重量点 500kgs，用较高重量点的较低运价计算：

计费重量：500kgs

适用运价：S 150 of Application GCR

即 $150\% \times 35.77 \approx 53.66$（CNY/kgs）

航空运费：$500 \times 53.66 = 26\,830.00$（CNY）

对比 1）和 2），取运费较低者，因此航空运费为 232 760 CNY。

七、集中托运货物的计算方法

集中托运货物也称混运货物，是指使用同一份货运单运输的货物中包含不同运价、不同运输条件的货物。

1．申报方式与计算规则

（1）申报整批货物的总重量或总体积

计算规则：集中托运的货物被视为一种货物将其总重量确定为一个计费重量。运价采用适用的普通货物运价。

（2）分别申报每一类货物的件数、重量、体积及货物品名

计算规则：按不同种类货物适用的运价与其相应的计费重量，分别计算运费。

如果集中托运货物使用一个外包装将所有货物合并运输，则该包装物的运费按集中托运货物中运价最高的货物运价计收。

2．声明价值

集中托运货物只能按整票整批货物办理声明价值，不得办理部分货物的声明价值或办理两种以上的声明价值。所以集中托运货物声明价值费的计算应按整票货物总的毛重。

3．最低运费

集中托运货物的最低运费按整票货物计收。即无论是分别申报或是不分别申报的集中托运货物，按其运费计算方法计得的运费与起止地点间的最低收费标准比较取高者。

【例题】

Routing：Beijing China（BJS）to Osaka Japan（OSA）

Commodity：Books and Handicraft and Fresh Apple

Gross Weight：100kgs and 42kgs and 80kgs

Dimensions：（70cm×47cm×35cm）×4 and

（100cm×60cm×42cm）×1 and

（90cm×70cm×32cm）×2

公布运价如表6-12所示。

表6-12 普通运价表6

Beijing		CN		BJS
Y. RMB		CNY		KGS
Osaka		JP	M	230.00
			N	37.51
			45	28.13
	0008		300	18.80
	0300		500	20.61
	1093		100	18.43
	2195		500	18.80

题解：

先把这票货物作为一个整体计算运费，再按分别申报计算运费两者比较取低者。

1）总体申报：

总毛重：100.0 + 42.0 + 80.0kgs = 222.0（kgs）

体积重量：（70×47×35×4 + 100×60×42×1 + 90×70×32×2）÷6 000

= 1 115 800÷6 000 ≈ 185.97（kgs）≈ 186.0（kgs）

计费重量：222.0kgs

适用运价：GCR Q 28.13 CNY/kgs

航空运费：222.0×28.13 = 6 244.86（CNY）

2）分别申报：

① Books 的运费计算：

体积重量：70×47×35×4÷6 000 = 460 600÷6 000 ≈ 76.77（kgs）≈ 77.0（kgs）

计费重量：100.0kgs

适用运价：R 50 of Normal GCR；50×37.51 ≈ 18.76（CNY/kgs）

航空运费：100.0×18.76 = 1 876.00（CNY）

② Handicraft 的运费计算：

体积重量：100×60×42×1÷6 000 = 252 000÷6 000 = 42.0（kgs）

计费重量：42.0kgs

适用运价：GCR N 37.51 CNY/kgs

航空运费：42.0×37.51 = 1 575.42（CNY）

③ Fresh Apple 的运费计算：

体积重量：90×70×32×2÷6 000 = 403 200÷6 000 = 67.2（kgs）

计费重量：80.0kgs

适用运价：GCR N 28.13 CNY/kgs

航空运费：$80.0 \times 28.13 = 2\ 250.40$（CNY）

3 种运费相加：$1\ 876.00 + 575.42 + 2\ 250.40 = 4\ 701.82$（CNY）

对比总体申报运费和分别申报运费取低者，即运费为 4 701.82 CNY。

八、航空运输费用的结算

费用结算主要涉及向航空公司、机场地面代理和发货人 3 个方面的结算。

1）与航空公司结算费用：向航空公司支付航空运费及代理费，同时收取代理佣金。

2）与机场地面代理结算费用：向机场地面代理支付各种地面杂费。

3）与发货人结算费用：①航空运费（在运费预付的情况下）；②地面杂费；③各种服务费和手续费。

本节知识要点检查与思考

1）什么是起码运费？我国航空货运的起码运费是多少？

2）航空货物运费的计算应考虑哪些因素？

3）国际航空货物运价是如何分类的？

4）国际航空货物运价使用规则是什么？

5）广州到北京航空运价分类：N类为10元/千克；Q类中，45千克计费重量分界点的运价为8元/千克，100千克计费重量分界点的运价为7.5元/千克，300千克计费重量分界点的运价为6.8元/千克。具体运价如表6-13所示。有一件普通货物为280千克，从广州运往北京，请计算该件货物的运费。

表6-13　运价表

	KG	RMB
M		320
N		10
Q	+45	8
	+100	7.5
	+300	6.8

第七章

>>>>>>>

国际陆上货物运输

本章学习任务

1) 了解国际公路货物运输方式。

2) 了解国际铁路货物运输方式。

3) 了解大陆桥货物运输方式。

4) 掌握国际陆上货物运输运费计算方法。

第一节　国际公路货物运输

案例导入

　　了解国际航空货物运输方式之后，小王想起国际航空货物运输的联运方式中有公路运输，非常想了解国际公路货物运输的相关知识，于是向业务部李经理请教，问道："李经理，请问国际公路货物运输有哪些运输方式？"李经理回答："国际公路货物运输可以将多种运输方式连接起来，实现多种运输方式联合运输，做到进出口货物运输的"门到门"服务。通常有5种公路运输方式……"

本节任务

　　用自己的语言以李经理的口吻向小王解释国际公路货物运输的方式。

一、国际公路货物运输基本知识

1. 国际公路货物运输的概念

　　国际公路货物运输是指起运地点、目的地或约定的经停地点，位于不同的国家或地区的公路货物运输。目前，世界各国的国际公路货物运输一般以汽车作为运输工具，因此，国际公路货物运输与国际汽车货物运输这两个概念往往是可以相互替代的。

2. 国际公路货物运输的特点

　　国际公路货物运输与其他运输方式相比较，具有以下特点。

1）机动灵活、简洁方便、应急性强，能深入其他运输工具达不到的地方。

2）适应点多、面广、零星、季节性强的货物运输。

3）运距短，单程货多。

4）投资少，收效快。

5）可以广泛参与国际多式联运。

6）是邻国间边境贸易货物运输的主要方式。

7）按有关国家之间的双边或多边公路货物运输协定或公约运作。

　　国际公路货物运输的缺点：运输成本高、装载局限性大、运行持续性较差、对环境污染影响较大等。

3. 国际公路货物运输的作用

（1）提供"门到门"服务

　　公路运输的特点决定了它最适合于短途运输。它可以将两种或多种运输方式衔接起来，实现多种运输方式联合运输，提供进出口货物运输的"门到门"服务。

（2）完成两端运输任务

　　公路运输可以配合船舶、火车、飞机等运输工具完成运输的全过程，是港口、车站、机场集散货物的重要手段。尤其在鲜活商品运输、集港疏港抢运方面，往往能够起到其他运输方式难以起到的作用。可以说,其他运输方式往往要依赖汽车运输最终完成两端的运输任务。

（3）独立的运输体系

公路运输也是一种独立的运输体系,可以独立完成进出口货物运输的全过程。公路运输是欧洲大陆国家之间进出口货物运输的最重要的方式之一。我国的边境贸易运输、港澳货物运输,其中有相当一部分也是靠公路运输独立完成的。

（4）实现国际多式联运

集装箱货物通过公路运输实现国际多式联运。集装箱由交货点通过公路运到港口装船,或者相反。美国陆桥运输、我国内地通过香港的多式联运都可以通过公路运输实现。

二、国际公路货物运输业务类型

目前,主要利用公路运输在中短程货物运输方面的优势,承担以下 3 个方面的进出口货物运输业务。

1. 公路过境运输

公路过境运输也称出入境汽车运输、口岸公路运输,是指根据相关国家政府间有关协定,经过批准,通过国家开放的边境口岸和公路进行出入国境的汽车运输。根据途经国家多少,公路过境运输可分为双边汽车运输和多边汽车运输。

2. 内地与港澳地区之间的公路运输

由于澳门、香港的特殊性,对于澳门、香港与内地之间的公路运输,并不完全按照国内货物运输进行运作与管理,而是依照国际公路运输进行管理,但管理模式又不完全一样。例如,港、澳车辆使用内地和香港或澳门两地车牌等,经营范围也局限在广东省。与国际公路运输实行运输许可证的管理模式不同,内地与香港特别行政区、澳门特别行政区间的运输没有采用运输许可证制度,属于没有限制的运输。由此可见,有关内地与香港特别行政区、澳门特别行政区之间的公路运输,通常依照国际公路运输进行管理。

3. 内陆与口岸间的公路集疏运输

公路承担我国出口货物由内地向港口 / 铁路 / 机场集中、进口货物从港口 / 铁路 / 机场向内地疏运,以及省与省之间、省内各地区间的外贸物资的调拨。

三、国际公路货物运输的类别

1. 整车运输

托运人一次托运的货物在 3 吨（含 3 吨）以上,或虽不足 3 吨,但其性质、体积、形状需要一辆 3 吨以上汽车运输的,均为整车运输。

2. 零担运输

托运人一次托运货物不足 3 吨的,为零担运输。各类危险品,易破损、易污染和鲜活等货物,除另有规定和有条件办理的以外,不办理零担运输。

3. 特种车辆运输

根据货物性质、体积或重量的要求,需要大型汽车或挂车（核定载重吨位为 40 吨及以上的）及容罐车、冷藏车、保温车等车辆运输的，为特种车辆运输。

4. 集装箱运输

集装箱运输，即以集装箱为盛装器具，由专用汽车载运的运输方式。

5. 包车运输

把车辆包给托运人安排使用，并按时间或里程计算运费的运输为包车运输。

四、国际公路货物运输合同与公约

1. 国际公路货物运输合同内容

国际公路货物运输合同包括以下主要条款：①运单的签发日期和地点；②托运人的名称和地址；③承运人的名称和地址；④货物接管地点、日期及指定的交货地点；⑤收货人的名称和地址；⑥货物品名和包装方式，如属危险品，应说明其基本性质；⑦货物件数、特征标志和号码；⑧货物毛重或以其他方式表示的量化指标；⑨与运输有关的费用（运费、附加费、关税和从签订合同到交货期间发生的其他费用）；⑩办理海关手续和其他手续所必需的托运人的通知；⑪是否允许转运的说明；⑫托运人员负责支付的费用；⑬货物价值；⑭托运人关于货物保险给予承运人的指示；⑮交付承运人的单据清单；⑯运输起止期限；⑰双方权利、义务；⑱违约责任；⑲仲裁庭选择条款及法律适用；⑳合同文本及效力。

2. 国际公路货物运输合同公约

为了统一公路运输所使用的单证和承运人的责任，联合国欧洲经济委员会负责草拟了《国际公路货物运输合同公约》（Carriage of Goods by Road，CMR），并于 1956 年 5 月 19 日在日内瓦由欧洲 17 个国家参加的会议上一致通过签订。该公约共有 12 章 51 条，就适用范围、承运人责任、合同的签订与履行、索赔和诉讼，以及连续承运人履行合同等都作出了较为详细的规定。

根据联合国欧洲经济委员会倡议，还缔结了《国际公路车辆运输规定》（Transport International Routier，TIR），根据规则规定，对集装箱的公路运输承运人，如持有 TIR 手册，允许由发运地到达目的地，在海关签封下，中途可不受检查、不支付关税，也可不提供押金。协定的正式名称是《根据 TIR 手册进行国际货物运输的有关关税协定》（Customs Convention on the International Transport of Goods under Cover of TIR Carnets）。

该协定由欧洲 23 个国家参加，并已从 1960 年开始实施。尽管上述公约和协定有地区性限制，但它们仍不失为当前国家公路运输的重要国际公约和协定，并对今后国际公路运输的发展具有一定影响。

五、国际公路货运代理业务

1. 国际公路货运进出口代理业务流程

1）国际公路货运进口代理业务流程如图 7-1 所示。

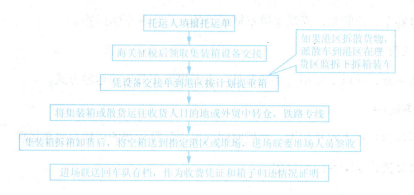

图7-1　国际公路货运进口代理业务流程

2）国际公路货运出口代理业务流程如图 7-2 所示。

图7-2　国际公路货运出口代理业务流程

3）国际公路货运过境运输流程如图 7-3 所示。

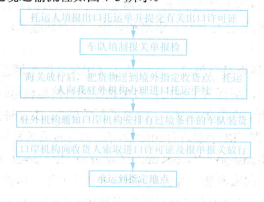

图7-3　国际公路货运过境运输流程

2. 国际公路货物运输运单

国际公路货物运输运单是公路货运协议的具体表现形式，在每车次或短途每日多次货物运输中，它被视为运输合同。国际公路货物运输运单主要包括以下内容。

1）与运输货物相关的情况。具体包括名称、性质、包装及标志、数量、重量和体积；

若为集装箱，则要有箱类、箱型、箱号和铅封号等。

2）当事人相关的情况。具体包括承运人、发货人与收货人名称、详细地址及通信号码等。

3）货物接管地点、日期，到达地和交付地，货车类型及车号。

4）运输途径、是否转运的说明、运距、起止期限。

5）货物价值声明、货物运输保险事项。

6）装卸条件与装卸说明。

7）与运输有关的费用。具体包括运费、附加费、杂费、过境费、代办货物进出口各类手续费、代交关税、其他相关费用及运输费用的结算方式等。

8）办理海关和其他手续所必需的文件记载。

9）交付承运人的单据清单等。

10）合同变更与解除。

11）违约责任与赔偿。

12）双方当事人商定的其他条款。

运单必须由发货人和承运人签字才有效。运单正本一般一式三份，分别交给发货人、承运人留存，一份随货同行。

3. 国际公路货运运费

（1）运费计算标准

各个国家与地区对公路货运都有详细的收费规则、办法，收费类目与标准。公路运费均以"吨/千米"为计算单位，一般有两种计算标准：一是按货物等级规定基本运费费率，二是以路面等级规定基本运价。凡是一条运输路线包含两种或两种以上的等级公路时，则以实际行驶里程分别计算运价。特殊道路，如山岭、河床、原野地段，则由承托双方另议商定。

公路运费费率分为整车（整箱货）和零担（拼箱货）两种，后者一般比前者高 30%～50%，按我国公路运输部门规定，一次托运货物在 2.5 吨以上的为整车运输，适用整车费率；不满 2.5 吨的为零担运输，适用零担费率。凡 1 千克重的货物，体积超过 4 立方分米的为轻泡货（或尺码货）（Measurement Cargo）。整车轻泡货物的运费按装载车辆核定吨位计算；零担轻泡货物，按其长、宽、高计算体积，每 4 立方分米折合 1 千克，以千克为计费单位。此外，还有包车费率（Lump Sum Rate），即按车辆使用时间（小时或天）计算。

（2）运费计算公式

1）整批货物运费的计算公式如下：

整批货物运费（元）=吨次费（元/吨）×计费重量（吨）+整批货物运价（元/吨·千米）
×计费重量（吨）×计费里程（千米）+货物运输其他费用（元）

其中，整批货物运价按货物运价价目计算。

2）零担货物运费的计算公式如下：

零担货物运费（元）=计费重量（吨）×计费里程（千米）×零担货物运价（元/千克·千米）
+货物运输其他费用（元）

其中，零担货物运价按货物运价价目计算。

3）集装箱运费的计算公式如下：

重（空）集装箱运费（元）＝重（空）箱运价（元／箱·千米）×计费箱数（箱）
×计费里程（千米）＋箱次费（元／箱）×计费箱数（箱）
＋货物运输其他费用（元）

其中，集装箱运价按计价类别和货物运价价目计算。

4）计时包车运费的计算公式如下：

包车运费（元）＝包车运价（元／吨·小时）×包用车辆吨位（吨）×计费时间（小时）
＋货物运输其他费用（元）

其中，包车运价按照包用车辆的不同类别分别制定。

（3）其他费用

国际公路货运运费的其他费用包括调车费、延滞费、装货（箱）落空损失费、排障费、车辆处置费、车辆检查费、装卸费、通行费、报关费、道路阻塞停车费及运输变更手续费等，视情况向托运人收取。

六、我国对外贸易公路运输及口岸的分布

1）对独联体公路运输口岸：①新疆有吐尔戈特、霍尔果斯、巴克图、吉木乃、艾买力、塔克什肯；②东北地区有长岭子（珲春）／卡拉斯基诺、东宁（岔口）／波尔塔夫卡、绥芬河／波格拉尼契内、室韦（吉拉林）／奥洛契、黑山头／旧楚鲁海图、满洲里／后贝加尔斯克、漠河／加林达。

2）对朝鲜公路运输口岸：丹东／新义州、图们江／咸镜北道、沙坨子／清津。

3）对巴基斯坦公路运输口岸：新疆的红其拉甫和喀什市。

4）对印度、尼泊尔、不丹的公路运输口岸：主要有西藏南部的亚东、帕里、樟木等。

5）对越南地方贸易的主要公路口岸：主要有云南省红河哈尼族彝族自治州的河口和金水河口岸等。

6）对缅甸公路运输口岸。云南省德宏傣族景颇族自治州的畹町口岸，是我国对缅甸贸易的主要出口陆运口岸，还可通过该口岸和缅甸公路转运部分与印度的进出口贸易货物。

7）对香港和澳门特别行政区的公路运输口岸。位于广东省深圳市的文锦渡和香港新界相接，距深圳铁路车站3千米，是全国公路口岸距离铁路进出口通道最近的一个较大公路通道。通往香港的另两个口岸是位于深圳市东部的沙头角及皇岗。对澳门公路运输口岸是位于珠海市南端的拱北。

本节知识要点检查与思考

1）国际公路货物运输有何特点与作用？

2）国际公路货物运输有哪几种类型？

3）国际公路货物运输合同的主要内容是什么？

4）简述国际公路货运进出口代理业务流程。

5）国际公路货运集装箱运费是如何计算的？

第二节　国际铁路货物运输

案例导入

　　了解国际公路货物运输方式之后，小王还非常想了解国际铁路货物运输的相关知识，于是向业务部李经理请教，问道："李经理，请问国际铁路货物运输有哪些运输方式？业务流程是怎样的？"李经理回答："国际铁路货物运输是联合运输的一种方式……"

本节任务

　　用自己的语言以李经理的口吻向小王解释国际铁路货物运输方式和业务流程。

一、国际铁路货物运输基本知识

1. 国际铁路货物运输的概念

　　国际铁路货物运输是指起运地点、目的地或约定经停地点位于不同国家或地区的铁路货物运输。由于运送货物都要涉及两个或两个以上国家，因此国际铁路货物运输主要采取联运方式。

2. 国际铁路货物运输的特点

　　铁路运输具有安全程度高、运输速度快、运输距离长、运输能力大、运输成本低等优点，且具有污染小、潜能大、不受天气条件影响的优势，是公路、水运、航空、管道运输所无法比拟的。

3. 国际铁路货物运输的种类

　　铁路货物运输种类即铁路货物运输方式，按我国铁路技术条件，现行的铁路货物运输种类分为整车、零担、集装箱3种。整车适于运输大宗货物；零担适于运输小批量的零星货物；集装箱适于运输精密、贵重、易损的货物。

4. 国际铁路货物运输的基本条件

　　国际铁路货物运输的基本条件如下。

　　1）整车货物运输的基本条件：一批货物的重量、体积、状态需要以一辆以上货车运送的货物，应按整车办理。

　　2）零担货物运输的基本条件：按货的重量、体积、状态不需要以一辆单独货车运送，而且允许和其他货物配装的货物，可以按零担办理。

　　3）集装箱货物运输的基本条件：凡能装入集装箱，并且不对集装箱造成损坏和污染的货物及可按集装箱运输的危险货物，均可按集装箱办理。

二、国际铁路货物运输方式

1. 整车货物运输

1）承运人原则上应按件数和重量承运货物，但对散装、堆装货物的规格、件数过多，在装卸作业时难以清点件数的货物，则只按重量承运，不计算件数。

2）货物的重量由托运人确定。

3）按照货物运输途中的特殊需要，允许托运人派人押运。

4）允许在铁路专用线、专用铁路内装车或卸车。

2. 零担货物运输

零担货物一般批量小、到站分散、品类繁多、性质复杂、包装情况不同，必须将几批甚至几十批的货物装在同一货车内运送，作业环节多，运输成本高。根据这些特点和运输组织方法，装运零担货物的车辆（简称零担车）可以分为 3 种。

（1）直达整装零担车

直达整装零担车是指始发站将到达一个到站或同一径路两个到站的货物，不经中转作业直接运至到站或第一个到站的零担车。它又可分为装至一个到站的一站直达整装零担车和装至同一路径两个到站的两站直达整装零担车。

（2）中转整装零担车

中转整装零担车是指始发站或中转站，把不同到站而同一中转范围的货物装于同一货车运送的零担车。它又可分为装至一个中转站的一站中转整装零担车和装至同一路径两个中转站的两站中转整装零担车。

（3）沿途零担车

沿途零担车是指装运规定区段内，各车站（没有条件组织整装零担车）零担货物的零担车。

3. 铁路集装箱货物运输

（1）集装箱定期直达列车

这种方式在发达国家普遍使用，其特点是定期、定线、定点运行；固定车底循环使用；对始端站要求不高；列车编组不专，一般 20 节车厢为一列。

（2）集装箱专列车

集装箱专列车同定期直达列车的区别在于不定期，可缓解车期不定和货源不均衡的矛盾。

（3）一般快运列车

小批量集装箱，编入一般快运列车装运。

（4）普通货运列车

更小批量集装箱，编入普通货运列车装运，其特点是到货慢、效率低。

三、国际铁路货物运输进出口代理业务流程

1）进口货物运输代理业务流程如图 7-4 所示。

2）出口货物运输代理业务流程如图 7-5 所示。

图7-4　国际铁路货运进口代理业务流程　　图7-5　国际铁路货运出口代理业务流程

四、国际铁路货物运输合同与公约

1. 长期整车货运合同内容

按年度、半年度、季度或月度签订的货物运输合同，即长期整车货运合同，应载明的基本内容：①托运人和收货人名称；②发站和到站；③货物名称；④货物重量；⑤车种和车数；⑥违约责任；⑦双方约定的其他事项。

2. 零星货运合同

以货物运单作为货物运输合同，即零星货运合同，应载明的合同内容：①托运人、收货人名称及其详细地址；②发站、到站及到站的主要铁路局；③货物名称；④货物包装及标志；⑤件数和重量（包括货物包装重量）；⑥承运日期；⑦运到期限；⑧运输费用；⑨货车类型和车号；⑩施封货车和集装箱的施封号码；⑪双方商定的其他事项。

3. 国际铁路货物运输合同公约

《国际铁路货物运输公约》（Convention Concerning International Carriage of Goods by Rail, CIM），简称《国际货约》，是关于铁路货物运输的国际公约。它是在 1890 年制定的《国际铁路货物运送规则》（简称《伯尔尼公约》）基础上发展起来的。1961 年 2 月 25 日由奥地利、法国、西德、比利时等国在瑞士伯尔尼签订，又于 1970 年 2 月 7 日修订，修订后的《国际货约》于 1975 年 1 月 1 日生效。国际铁路运输中央事务局总部设在伯尔尼。

在《国际货约》的成员国中，有的同时还参加了《国际铁路货物联运协定》（以下简称《国际货协》），即参加《国际货约》国家的进出口货物，可以通过铁路直接转运到《国际货协》的成员国。这为国际间铁路货物的运输提供了便利的条件。

五、国际铁路货物联运代理业务

1. 国际铁路货物联运的概念

国际铁路货物联运（以下简称"国际铁路联运"），是指在使用一份统一的国际铁路联运跨及两个及两个以上国家铁路的货物运送中，由参加国铁路负责办理两个或两个以上国家运装物过程，由托运人支付全程运输费用的铁路货物运输组织形式。

2. 国际铁路货物联运的特点

1）使用一份铁路联运票据完成货物的跨国运输。

2）在运输责任方面采用统一责任制。

3）国际铁路联运的组织工作复杂。

4）对运输条件有统一要求。

5）仅使用铁路一种运输方式。

6）国境换装作业不需要货主参加。

3. 国际铁路货物联运的作用

1）简化手续、方便货主。

2）能够充分利用铁路运输在国际贸易中的优势。

3）加速了资金的周转。

4）促进铁路沿线经济及铁路运输企业的发展。

4. 国际铁路货物联运代理业务流程

在实际业务中，发货人、收货人会委托国际货运代理人办理国际铁路联运的进出口手续。

（1）国际铁路联运代理出口业务

1）接受货主的委托。首先，货运代理应审查客户资料，包括品名、数量、重量、包装、发站、到站、运输类别与预计时间；然后，向铁路公司及国外代理询价、向客户报价并提交协议草稿；最后，与客户签订代理协议、接收相关单证并确定运输时间。

2）向铁路部门提报计划（订单）。货运代理应在具有必备手续的基础上（如整车货物须有批准的运输计划），向发站提交《国际货协》采用的运单作为托运的书面申请。车站接到运单后，应进行认真审核，检查运单上填写的各项内容是否正确和完整。若确认可以承运，车站在运单上登记货物搬入车站的日期或装车日期，即表示车站已受理托运。

3）填制铁路联运运单。货运代理向铁路部门提交的计划落实后，检查客户提供的货物的报关报检文件，并填制铁路联运运单，交给客户确认相关信息是否准确。

4）办理报关。根据客户提供的资料及铁路部门的联运单，向口岸海关办理通关手续。如果在发货地报关，需将报关单、合同、箱单、发票、关封等单据与国际联运单一同随车到口岸，在口岸报关的需将合同、箱单、发票、报关单、商检证等单据快递给口岸代理。

5）口岸交货。代理人按车站指定日期将货物搬入车站或指定货位，经车站根据运单的记载事项查核实货确认符合国际联运的有关规定后，即予以接收。在代理人付清一切应付运送费用后，车站在所提交的运单上加盖车站日期戳，货物发运后将运单第三联交给发货人。

6）国外交接。货运代理把货物交给铁路承运部门，并办理好交接手续发运后，应将车号等运输信息通知国外代理。

（2）出口货物在口岸车站的交接

1）确定稳妥可靠的口岸代理公司，负责办理口岸交接手续。

2）特殊货物的交接按合同和有关协议的规定，负责具体的交接方法和手续。

3）代理办理报关、报检手续。

4）需办理商检的货物，要向当地出入境检验检疫局办理商品检验手续。

5）出境货物包装，应注意木质包装材料和托架，应尽量不使用或少使用。否则要有商检部门的熏蒸证明和熏蒸戳记。上述检验和检疫证书，须在发站托运货物时，同运单、报关单一并随车同行，并在国境站由海关执行监督，查证放行。

6）货运事故的处理。出现事故，应提请铁路编制商务记录，并由国境站货运代理人负责协调。

（3）国际铁路联运代理进口业务

1）审查客户资料。

2）根据铁路公司及国外代理的价格向客户报价。

3）与客户签订代理协议并收取费用。

4）货物到达的准备工作。

5）办理货物报关、报检手续。

6）进口货物的提货及交货。

7）结算相关费用。

5. 国际铁路货物联运运费计算

（1）运费计算的原则

1）发送国和到达国铁路的运费，均按铁路所在国家的国内规章办理。

2）过境国铁路的运费，均按承运当日统一货价规定计算，由发货人或收货人支付。我国出口的联运货物，交货共同条件一般均规定在卖方车辆上交货，因此我方仅负责至出口国境站一段的运送费用。但联运进口货物，则要负担过境运送费用和我国铁路段的费用。

（2）过境运费按统一货价规定的计算程序

1）根据运单上载明的运输路线，在过境里程表中，查出各通过国的过境里程。

2）根据货物品名，在货物品名分等表中查出其可适用的运价等级和计费重量标准。

3）在慢运货物运费计算表中，根据货物运价等级和总的过境里程查出适用的运费率。其计算公式为

$$运费总额 = 货物计费重量 \times 运价率 \times （1 + 加成率）$$

（3）国内段运费按价规计算的程序

1）根据货物运价里程表确定发到站间的运价里程。一般应按最短路径确定，并需将国境站至国境线的里程计算在内。

2）根据运单上所列货物品名，查找货物运价分号表，确定适用的运价号。

3）根据运价里程与运价号，在货物运价表中查出适用的运价率。

4）运价率与计费重量相乘，即得出该批货物国内运费，其计算公式为

$$运费 = 运价率 \times 计费重量$$

6. 《国际货协》运单概念与流转程序

（1）《国际货协》运单的概念

《国际货协》运单是参加国际铁路联运的铁路与收发货人之间缔结的运输合同。它是参加联运的各国铁路部门和收发货人之间在货物运送上的权利、义务、责任和豁免的体现，对铁路部门和收发货人都具有法律效力。

（2）《国际货协》运单的构成与流转程序

《国际货协》运单的构成、用途及流转程序如表7-1所示。

表7-1 国际货协运单构成、用途及流转程序

运单联次	主要用途	流转程序
第一联：运单正本	运输合同凭证	发货人→发站→到站→收货人
第二联：运行报单	各承运人间交接、划分责任等证明	发货人→发站→到站→到达铁路
第三联：运单副本	承运人收货、发货人结汇的证明	发货人→发站→发货人
第四联：货物交付单	承运人合同履行的证明	发货人→发站→到站→到达铁路
第五联：货物到达通知单	收货人存查	发货人→发站→到站→收货人

六、我国对外贸易铁路运输及口岸的分布

1）滨洲线：自哈尔滨起向西北至满洲里，全长935千米。

2）滨绥线：自哈尔滨起，向东经绥芬河与独联体远东地区铁路相连接，全长548千米。

3）集二线：从京包线的集宁站，向西北到二连浩特，全长364千米。

4）沈丹线：从沈阳到丹东，越过鸭绿江与朝鲜铁路相连，全长274千米。

5）长图线：西起吉林长春，东至图们，横过图们江与朝鲜铁路相连接，全长527千米。

6）梅集线：自梅河口至集安，全长245千米，越过鸭绿江直通朝鲜满浦车站。

7）湘桂线：从湖南衡阳起，经广西柳州、南宁到达终点站凭祥，全长1 013千米。

8）昆河线：从云南昆明经碧色寨到河口，全长177千米。

9）北疆线：从新疆乌鲁木齐向西到达终点站阿拉山口。

10）渝新欧线：从重庆，途经新疆，穿越哈萨克斯坦、俄罗斯、白俄罗斯，最终到达德国，全程将近12 000千米，被喻为新丝绸之路的新起点，于2010年开通试运行，2012年正式开通运营。

大陆对香港地区的铁路货运，由内地各车站装车运至深圳。深圳站是我国广九铁路中段的终点站，罗湖桥为深圳通往香港的铁路口岸。

本节知识要点检查与思考

1）国际铁路货物运输有何特点与基本条件？

2）国际铁路货物运输有哪几种运输方式？

3）国际铁路货物运输合同主要有哪些内容？

4）简述国际铁路联运进出口代理业务流程。

5）国际铁路联运运费是如何计算的？

第三节 其他运输方式

案例导入

了解国际铁路货物运输方式之后，小王又继续问道："李经理，还有没有其他的国际货物运输方式呢？"李经理回答："当然，如管道运输、大陆桥运输等。""大陆桥运输是怎么回事？是不是架起一座跨海大桥来运输？"小王问道。"哈哈，你还真有想象力呀。今天就到这里，下次再给你说吧。"

本节任务

用自己的语言以李经理的口吻向小王解释大陆桥运输的概念。

一、管道运输

1. 管道运输的概念

管道运输（Pipeline Transport）是用管道作为运输工具的一种长距离输送液体和气体物资的运输方式，是一种专门由生产地向市场输送石油、天然气等产品的运输方式。

管道运输是随着石油的生产而产生和发展的。它是一种特殊的运输方式，与普通货物的运输形态完全不同：普通货物运输是货物随着运输工具的移动，货物被运送到目的地；而管道运输的运输工具本身就是管道，是固定不动的，只是货物本身在管道内移动。换言之，管道运输是运输通道和运输工具合二为一的一种专门运输方式。

2. 管道运输的分类

1）按输送货物形态划分：固体管道、气体管道和液体管道。

2）按输送介质划分：原油管道、成品油管道、油气混输管道、固体物料浆体管道、天然气管道、二氧化碳气管道、液化气管道等。

3）按管道铺设方式划分：架空管道、地面管道和地下管道。其中以地下管道应用最为普遍。

3. 管道运输的作用

1）管道运输不仅运输量大、连续、迅速、经济、安全、可靠、平稳，以及投资少、占地少、费用低，并可实现自动控制。

2）除广泛用于石油、天然气的长距离运输外，还可以运输矿石、煤炭、建材、化学品和粮食等。运输固态货物采用气动管，以压缩气体输送装着货物的固体舱。

3）管道运输可省去水运或陆运的中间环节，缩短运输周期，降低运输成本，提高运输效率。

4. 管道运输的优缺点

（1）优点

1）不受地面气候影响并可进行全天候运输作业。

2）运输的货物无须包装，节省包装费用。

3）货物在管道内移动，货损货差小。

4）费用省、成本低。

5）单向运输，无回空运输问题。

6）经营管理比较简单。

（2）缺点

1）调节运量及改变方向的幅度较小，灵活性较差。

2）运输对象单一，不具有通用性。就某一具体管道而言，只限于单项货物的运输。例如，一旦油田产量递减或枯竭，则该段原油管道即报废，而不像其他运输工具可移往他处使用。

3）固定投资大。自管道投产之日起，管内即充满所输的介质，直到停止运行之日止，有一部分介质长期积存在管道中，其费用占去部分运输成本。

5. 管道运输费用

由于管道路线和运输是固定的，所以管道运输的运输费用计算比较简单。按不同品种规格确定不同的费率。其计算标准多数以桶为单位，有的以吨为单位。此外，一般均规定每批最低托运量。

6. 管道运输的现状

(1) 国际管道运输现状

现代管道运输始于19世纪中叶。1865年，在美国宾夕法尼亚州建成第一条原油输送管道，但管道运输的发展是从20世纪开始的。在第二次世界大战后，随着石油工业的迅速发展，各产油国开始大量修建石油管道及油气管道。如今发达国家的原油管道输送量占其总量的80%，成品油长距离运输基本上也实现了管道化，天然气管道输送量达95%。迄今为止，全世界油气管道干线长度已超过 200×10^4 千米，其中输油干线约占30%。

(2) 我国管道运输现状

新中国成立以来，我国油气管道运输经历了从初始发展（1958～1969年）到快速发展（1970～1987年），再从稳步发展（1988～1995年）到加快发展（1996年至今）的4个阶段，管道总里程从1958年的0.02万千米增加到2008年的6.4万千米。目前，管道运输已经成为我国陆上油气运输的主要方式，贯通东南西北、连接陆路与海洋的油气战略通道也在逐步建立。但是，作为综合运输体系的重要组成部分，管道运输在我国综合运输体系中的地位有待于进一步提升。我国现有干线管道运力不足，管道网络化程度仍然较低，与管道配套的天然气调峰设施建设滞后，成品油管道运输比例低，部分油气管道老化，安全隐患突出，政府监管体制和法规体系尚不健全。今后我国应着力加快管道运输网络体系和配套的天然气调峰设施建设，大力促进管道运输科技进步，多管齐下，确保管道运输安全，实现油气管道运输的资源多元化、供应网络化、调配自动化。

二、大陆桥运输

1. 大陆桥运输的概念

大陆桥运输（Land Bridge Transport）是指以横贯大陆上的铁路、公路运输系统作为中间桥梁，把大陆两端的海洋连接起来形成的海陆联运的连贯运输。

所谓大陆桥（Land Bridge）运输主要是指国际集装箱过境运输，它是国际集装箱多式联运的一种特殊形式。广义的大陆桥运输还包括小陆桥运输（Mini-Land Bridge Transport）和微型陆桥运输（Micro-Land Transport）。大陆桥运输是一种主要采用集装箱技术，由海、铁、公、空组成的现代化多式联合运输方式，是一个大的系统工程。

2. 大陆桥运输的特点

1）属大陆桥运输范畴，采用海陆联运方式，全程由海运段和陆运段组成。

2）比采用海运缩短了路程，但增加了装卸次数。所以在某一地域大陆桥运输能否发展，主要取决于它与全程海运相比较，在运输费用、运输时间等方面的综合竞争度。

3. 大陆桥运输的优越性

大陆桥运输的优越性：①缩短了运输里程；②降低了运输费用；③加快了运输速度；④简化了作业手续；⑤保证了运输安全，简化了货物的包装。

4. 大陆桥运输的种类

（1）北美大陆桥

北美大陆桥运输是指从日本东向，利用海路运输到北美西海岸，再经由横贯北美大陆的铁路线，陆运到北美东海岸，再经海路运输到欧洲的"海－陆－海"运输结构。

北美大陆桥包括美国大陆桥运输和加拿大大陆桥运输。美国大陆桥有两条运输线路：一条是从西部太平洋沿岸至东部大西洋沿岸的铁路和公路运输线；另一条是从西部太平洋沿岸至东南部墨西哥湾沿岸的铁路和公路运输线。

目前美国的大路桥运输可以有以下3种形式。

1）小陆桥运输是指远东海运至美西港口再转运铁路，将货物运至美东或加勒比海沿海地区交货的一种海－铁多式联运方式。

2）微型陆桥运输是指以国际标准规格集装箱为运输设备，从远东海运至美国西海岸港口，再利用铁路或公路从美国西海岸运至美国内陆城市的一种运输方式。

3）OCP（Overland Common Point）运输，意为内陆公共点，是指远东通过海运至美西港口，再转运铁路将货物运至OCP地区目的地交货的一种海－铁分段联运方式。

（2）亚欧大陆桥

1）第一亚欧大陆桥，也叫西伯利亚大陆桥，从俄罗斯东部的符拉迪沃斯托克为起点，通向欧洲各国最后到荷兰鹿特丹港的西伯利亚大陆桥，采用海－铁－铁、海－铁－海、海－铁－公和海－公－空等4种运输方式。

2）第二亚欧大陆桥，也称新欧亚大陆桥，东起我国黄海之滨的连云港，向西经陇海—兰新线的徐州、武威、哈密、吐鲁番到乌鲁木齐，再向西经北疆铁路到达我国边境的阿拉山口，进入哈萨克斯坦，再经俄罗斯、白俄罗斯、波兰、德国，西止荷兰的鹿特丹港。

3）第三亚欧大陆桥，是处于战略构想中的第三亚欧大陆桥，以深圳港为起点，从昆明经缅甸、孟加拉国、印度、巴基斯坦、伊朗，从土耳其进入欧洲，途经21国，最终抵达荷兰鹿特丹港，全长约15 000多千米，比通过马六甲海峡进入印度洋的行程要短3 000千米左右。届时云南将成为连接21国的第三座亚欧大陆桥的中心枢纽。

本节知识要点检查与思考

1）管道运输是如何分类的？

2）管道运输有何优缺点？

3）什么是大陆桥运输？其有何特点？

4）简述北美大陆桥的运输形式。

5）简述亚欧大陆桥及亚欧大陆桥发展的趋势。

第八章

国际多式联运

本章学习任务

1）了解国际多式联运的概念与优势。

2）了解国际多式联运代理业务流程。

3）了解国际多式联运的组织形式。

4）掌握国际多式联运单据的主要内容。

5）了解国际多式联运运费的计收方法。

第一节 国际多式联运概述

案例导入

一次，小王在审核一份托运单时发现在"Port of Delivery"和"Final Destination"栏目中填写的内容与"Port of Discharge"的内容不一致，于是向业务部经理请教："李经理，您看这里。在以前我见过的单据中'Port of Delivery'和'Final Destination'填写的都是相同的目的港口名词，为什么这张单据不同？"李经理回答："这是张联运单据。之前你看到的是一般国际货运的单据。"小王问道："那么，这两种单据的填写有何不同呢？"

本节任务

用自己的语言以李经理的口吻向小王解释国际多式联运与一般国际货运的差异。

一、国际多式联运的概念及经营人

1. 国际多式联运的概念

国际多式联运简称多式联运，是在集装箱运输的基础上产生和发展起来的。它是按照多式联运合同，以至少两种不同的运输方式，由多式联运经营人（Combined Transport Operator，CTO）将货物从一国境内的接管地点运至另一国境内指定交付地点的货物运输。

2. 多式联运经营人

多式联运经营人是指本人或通过其代表与发货人订立多式联运合同的任何人。他是事主，而不是发货人的代理人或代表或参加多式联运的承运人的代理人或代表，并且负有履行合同的责任。多式联运经营人可以分为两种：一种是有船承运人为多式联运经营人，另一种是无船承运人为多式联运经营人。

二、国际多式联运的优越性

1. 责任统一，手续简便

在国际多式联运方式下，一切运输事项均由多式联运经营人负责办理，而托运人只需办理一次托运，订立一份运输合同，支付一次费用，办理一次保险。从而省去托运人办理托运手续的许多不便。

2. 节省费用，降低运输成本

多式联运是实现"门到门"运输的有效方法。对货方来说，货物装箱或装上第一程运输工具后就可取得联运单据进行结汇。结汇时间提早，有利于加速货物资金周转，减少利息支出。采用集装箱运输，还可以节省货物包装费用和保险费用。此外，多式联运全程使用的是一份联运单据和单一运费，简化了制单和结算手续，节省大量人力、物力，方便货方事先核算运输成本，选择合理运输路线，为开展贸易提供了有利条件。

3. 减少中间环节，提高货运质量

多式联运通常是以集装箱为媒介的直达连贯运输，货物从发货人仓库装箱验关铅封后，直接运至收货人仓库交货，中途无须拆箱，减少很多中间环节。即使经多次换装，也都是使用机械装卸，丝毫不触及箱内货物，货损货差和偷窃丢失事故就大为减少，从而较好地保证货物安全和货运质量，并且保证货物安全、迅速、准确、及时地运抵目的地。

4. 是实现"门到门"运输的有效途径

多式联运综合了各种运输方式，扬长避短，组成直达连贯的运输。不仅缩短运输里程，降低运输成本，而且加速货运周转，提高货运质量，是组织合理运输、取得最佳经济效果的有效途径。尤其是采用多式联运，可以把货物从发货人内地仓库直运至收货人内地仓库，从而可以实现"门到门"的直达连贯的运输。

三、国际多式联运的基本条件

国际多式联运（简称多式联运）是按照多式联运合同，以至少两种不同的运输方式，由多式联运经营人将货物从一国境内接受货物的地点运至另一国境内指定交付货物的地点。因此，构成国际多式联运需要具备以下几个条件。

1. 必须要有一个多式联运合同

多式联运经营人根据合同规定，负责完成或组织完成货物的全程运输并一次收取全程运费。所以，多式联运合同是确定多式联运性质的根本依据，也是区别多式联运和一般传统货运的主要依据。

2. 必须使用一份全程多式联运单据

全程多式联运单据是指证明多式联运合同及证明多式联运经营人已接受货物，并负责按照合同条款交付货物所签发的单据。它与传统的提单具有相同的作用，也是一种物权证书和有价证券。

3. 必须是至少两种不同运输方式的连贯运输

多式联运不仅需要通过两种运输方式，而且是两种不同运输方式的组合。例如，海－海、铁－铁或空－空等，虽经两种运输工具，由于是同一种运输方式，所以不属于多式联运范畴之内；但海－陆、海－空、陆－空或铁－公等，尽管也是简单的组合形态，却都符合多式联运的基本组合形态的要求。所以，确定一票货运是否属于多式联运方式，至少两种不同运输方式的组合是一个重要因素之一。

4. 必须是全程单一运价

全程单一运价一次收取，包括运输成本（各段运杂费的总和）、经营管理费和合理利润。

5. 必须是跨越国境的国际间的货物运输

跨越国境的国际间的货物运输，是区别国内运输和国际运输的限制条件。

6. 联运经营人须有双重身份

在联运合同中，联运经营人既是承运人，又是托运人。从其业务内容和性质看，主要是各区段运输的连接工作，是衔接服务性工作，与传统货运代理人业务相似。

四、国际多式联运合同的主要内容

国际多式联运合同是指多式联运经营人以两种以上的不同运输方式，其中一种是海上运输方式，负责将货物从接收地运至目的地交付收货人，并收取全程运费的合同。

多式联运合同的主要内容有托运人、收货人、多式联运经营人，货物的名称、包装、件数、重量、尺寸等情况，接货的地点和时间、交货的地点和约定的时间，不同运输方式的组成和运输线路、货物交接方式，以及承托双方的责任和义务、解决争议的途径和方法等。

五、国际多式联运与一般国际货运的差异

国际多式联运极少由一个经营人承担全部运输。往往是接受货主的委托后，联运经营人自己办理一部分运输工作，而将其余各段的运输工作再委托其他的承运人。但这又不同于单一的运输方式，这些接受多式联运经营人委托、负责货物转运的承运人，只是依照运输合同关系对联运经营人负责，与货主不发生任何业务关系。因此，多式联运经营人可以是实际承运人，也可是无船承运人。国际多式联运与一般国际货运的主要不同点如表8-1所示。

表8-1 国际多式联运与一般国际货运的差异

项　目	国际多式联运	一般国际货运
货运单证的内容与制作方法	"门到门"运输；多式联运经营人签发多式联运提单；真正的发货人和收货人；多式联运提单上除列明装货港、卸货港外，还要列明收货地、交货地或最终目的地的名称，以及第一程运输工具的名称、航次或车次等	单一运输方式；船代或船公司签发提单；海运提单无须填写交货地、最终目的地名称及第一程运输工具名称等
提单的适用性与可转让性	海运与其他运输方式结合；可转让时，"收货人"栏为指示抬头，不可转让，则列明具体收货人	只适用于海运；须背书转让
信用证上的条款	多式联运经营人签发的多式联运提单；采用集装箱运输条款；可由托运人或发货人或多式联运经营人直接寄单	已装船清洁提单；可以是集装箱运输，也可以不是集装箱运输；由银行寄单
海关验放的手续	内陆海关只对货物办理转关监管手续，由出境地的海关进行查验放行；进口货物的最终目的地如在内陆城市，进境港口海关一般不进行查验，只办理转关监管手续，待货物到达最终目的地时，由当地海关查验放行	办理报关和通关的手续，都是在货物进出境的港口

本节知识要点检查与思考

1）什么是国际多式联运？

2）国际多式联运有哪些优点？

3）简述国际多式联运的基本条件。

4）国际多式联运合同有哪些主要内容？

5）国际多式联运与一般国际货运有何差异？

第二节　国际多式联运业务

案例导入

　　了解国际多式联运与一般国际货运的差异之后，小王还想知道国际多式联运的组织形式，于是向业务部经理请教，问道："李经理，国际多式联运有多少种类型？"李经理回答："通常有8种形式，如公铁联运……"

本节任务

　　用自己的语言以李经理的口吻向小王解释国际多式联运的组织形式。

一、国际多式联运代理业务流程

1. 签订多式联运合同

多式联运必须订立合同，合同是规范承托双方权利、义务及解决争议的基本法律文件。

2. 编制多式联运计划

多式联运计划总的要求如下。

1）合理性：要求运输线路短、各区段运输工具安全可靠、运输时间能保证、不同运输方式之间良好衔接，从而保证货物从一国境内接货地安全及时地运到另一国境内的交货地。

2）经济性：在保证货运质量的前提下，尽可能节省总成本费用，提高经济效益。

3）不可变性：在计划中应充分考虑各种因素，留有必要的余地，除不可抗力外，计划一般不能随意改变。在完成多式联运计划编制后，多式联运经营人还应及时将计划发给沿线各环节的代理人，使之提前做好接货、运输、转关或交货等准备工作。

3. 接货装运

按照多式联运合同，在约定的时间、地点，由多式联运经营人或其代理人从发货人手中接管货物，并按合同要求装上第一程运输工具发运。

按托承双方议定的交接方式，凡在门或集装箱堆场交接的，由发货人负责装箱计数施封和办理出口清关手续，在箱体外表状况良好、封志完整状态下，将货物整箱交多式联运经营人或其代理人；凡在集装箱货运站交接的，由发货人负责办理出口清关手续，将货物散件交多式联运经营人或其代理人，由后者负责拼箱计数施封后装运发送。

4. 签发多式联运单证

多式联运经营人接管货物和在运费预付情况下收取全程运费后，即签发多式联运单据，表明多式联运对全程联运负有责任。

对多式联运合同当事人来说，多式联运单据是多式联运经营人收到货物的证据，是合同的证明，也是货物的物权凭证。多式联运经营人按多式联运单据指明的收货人或被指示的收货人交付货物，收货人凭多式联运单据提领货物。在货物装运发送后，多式联运经营人还应将多式联运单据副本及一程运输的有关运输单证，及时寄往第一程的目的地（港）的代理人，以便做好接货、转关和转运的准备。

5．办理运输保险

由于多式联运运距长、环节多、风险大，为避免可能发生的货运事故，多式联运经营人还可以向保险公司投保。为避免较大的损失，多式联运经营人通常向保险公司投保货物责任险和集装箱险，以防范巨额赔偿风险。

6．办理转关手续

多式联运若在全程运输中经由第三国，应由多式联运经营人或其代理人负责办理过境转关手续，对《国际集装箱海关公约》缔约国之间，转关手续已相当简化，通常只提交相应的转关文件，如过境货物申报单、多式联运单据、过境国运输区段单证等。并提交必要的担保和费用，过境国海关可不开箱检查，只作记录而予以放行。

7．全程运输的协调管理

（1）不同运输方式之间的转运

国际多式联运是以至少两种不同运输方式组成的连续运输，不同运输方式之间的转运衔接是保证运输连续性、及时性的关键。

（2）各运输区段的单证传递

多式联运经营人作为全程运输的总负责人，通常要与各运输区段实际承运人订立分运输合同，在运输区段发送地以托运人的身份托运货物，在运输区段的目的地又以收货人的身份提领货物。

（3）货物的跟踪

为了保证货物在多式联运全程运输中的安全，多式联运经营人要及时跟踪货物的运输状况。例如，通过电报、电传、EDI、互联网在各结点的代理人之间传递货物信息，必要时还可通过全球定位系统（Global Positioning System，GPS）进行实时监控。

8．交付货物

按多式联运合同规定，货物到达指定交货地后，由多式联运经营人或其代理人将货物交多式联运单据指明的收货人或按指示交指定的收货人，即告完成全程运输任务。交货地代理人应在货物到达前向收货人发出到货通知，以便收货人及时做好提货准备。

对于整箱货交货的，如集装箱堆场条款，货物卸船、收货人办妥进口清关手续后，委托集装箱码头整箱交货；如门交货的，则由公路运输至收货人的工厂或仓库交货，交接双方以箱体外表状况良好、封志完整为条件。对于拼箱货交货的，交货地为合同指定的集装箱货运站，由集装箱货运站代表多式联运经营人进行拆箱、分票、堆存于仓库中，收货人办妥进口清关的手续后，以散件方式提运。

二、国际多式联运业务运作过程

国际多式联运运作过程如图 8-1 所示。

图8-1　国际多式联运运作过程

三、国际多式联运分类

就其组织方式和体制来说，国际多式联运基本上可分为协作式多式联运和衔接式多式联运两大类。

1. 协作式多式联运

协作式多式联运是指两种或两种以上运输方式的运输企业，按照统一的规章或商定的协议，共同将货物从接管货物的地点运到指定交付货物的地点的运输。根据开展联运依据的不同，协作式多式联运可进一步细分为法定（多式）联运和协议（多式）联运两种。

（1）法定（多式）联运

法定（多式）联运是指不同运输方式、运输企业之间，根据国家运输主管部门颁布的规章开展的多式联运。在这种联运形式下，有关运输票据、联运范围、联运受理的条件与程序、运输衔接、货物交付、货物索赔程序及承运之间的费用清算等，均应符合国家颁布的有关规章的规定，并实行计划运输。

（2）协议（多式）联运

协议（多式）联运是指运输企业之间，根据商定的协议开展的多式联运。不同运输方式的干线运输企业与支线运输或短途运输企业，根据所签署的联运协议开展的多式联运，即属此种联运。

与法定（多式）联运不同，在这种联运形式下，联运采用的运输方式、运输票据、联运范围、联运受理的条件与程序、运输衔接、货物交付、货物索赔程序，以及承运人之间的利益分配与风险承担等，均按联运协议的规定办理。与法定（多式）联运相比，该联运形式的最大缺点是联运执行缺乏权威性，而且联运协议的条款也可能会损害货方或弱小承运人的利益。

2. 衔接式多式联运

衔接式多式联运是指由一个多式联运企业（以下称多式联运经营人）综合组织两种或两种以上运输方式的运输企业，将货物从接管货物的地点运到指定交付货物的地点的运输。在实践中，多式联运经营人既可能由不拥有任何运输工具的国际货运代理、场站经营人、仓储经营人担任，也可能由从事某一区段的实际承运人担任。无论如何，他都必须持有国家有关主管部门核准的许可证书，能独立承担责任。

四、国际多式联运组织形式

1. 公铁联运

有效的公铁联运集公路、铁路为一体，可以最大限度地满足现代物流发展的需要。公铁联运已成为向客户提供快速准时、安全高效、费用较低的"门到门"的物流服务体系。主要运输方式有以下两点。

（1）驮背运输

驮背运输（Piggyback Transport）是一种公路和铁路联合运输方式，由北美国家最先采用。最初是指将载运货物的公路拖车置于铁路平车上输送，因而也被称为平板车载运拖车（Trailer on Flatcar，TOFC）系统。

（2）小集装箱系统

为了更大发挥公铁联合运输城市配送的优势，欧洲目前正在致力于发展小集装箱系统。几个小集装箱可以组成一个大集装箱，一辆大卡车可以携带 6 个小集装箱。货物可以按照箱子分拣和委托，直接从铁路站配送，无须第二次分拣，此外，小吨位车辆装载适合城市配送。

2. 海铁联运

海铁联运（Rail-ocean Transportation）是进出口货物由铁路运到沿海港直接由船舶运出，或是货物由船舶运输到达沿海海港之后，由铁路运出的只需"一次申报、一次检查、一次放行"就可完成整个运输过程的一种运输方式（中转港转关）。

3. 海陆联运

海陆联运（Bined Transport by Rail and Sea）是国际多式联运的主要组织形式，也是远东欧洲多式联运的主要组织形式之一。目前，组织和经营远东欧洲海陆联运业务的主要有班轮公会的三联集团、北荷、冠航和丹麦的马士基等国际航运公司，以及非班轮公会的中国远洋运输集团公司、中国台湾长荣海运股份有限公司和德国那亚航运公司等。这种组织形式以航运公司为主体，签发联运提单与航线两端的内陆运输部门开展联运业务与大陆桥运输展开竞争。

4. 海空联运

海空联运又被称为空桥运输（Air Bridge Service）。在运输组织方式上，海陆联运与陆桥运输（Land Bridge Service）有所不同。陆桥运输在整个货运过程中使用的是同一个集装箱不用换装，而海陆联运的货物通常要在航空港换入航空集装箱。目前，国际海空联运线主要有远东—欧洲航线、远东—中南美航线和远东—中近东、非洲、大洋洲航线。

（1）远东—欧洲航线

目前，远东与欧洲间的航线有以温哥华、西雅图、洛杉矶为中转地的，也有以中国香港、曼谷、符拉迪沃斯托克为中转地的。此外还有以旧金山、新加坡为中转地的。

（2）远东—中南美航线

近年来远东至中南美的海空联运发展较快，因为此处港口和内陆运输不稳定，所以对海空运输的需求很大。该联运线以迈阿密、洛杉矶、温哥华为中转地。

（3）远东—中近东、非洲、大洋洲航线

这是以中国香港、曼谷为中转地至中近东、非洲的运输服务。在特殊情况下，还有经马赛至非洲、经曼谷至印度、经中国香港至澳大利亚等联运线，但这些线路货运量较小。

5. 陆空联运

陆空联运是火车、飞机和卡车的联合运输方式，简称 TAT（Train-Air-Truck）；或火车、飞机的联合运输方式，简称 TA（Train-Air）。通过运用这几种复合一贯制运输的方式，可以真正地实现"门到门"的运输服务模式，从而能够更好地适应现代物流对及时性和准确性的要求。

陆空联运分 3 种：① TAT，即 Train-Air-Truck 的联运；② TA，即 Truck-Air 的联运；③ TA，即 Train-Air 的联运。

6. 陆桥运输

陆桥运输在国际多式联运中起着非常重要的作用，它是远东欧洲国际多式联运的主要形式。所谓陆桥运输，是指采用集装箱专用列车或卡车把横贯大陆的铁路或公路作为中间"桥梁"，使大陆两端的集装箱海运航线与专用列车或卡车连接起来的一种连贯运输方式。严格地讲，陆桥运输也是一种海陆联运形式，只是因为其在国际多式联运中的独特地位，故在此将其单独作为一种运输组织形式。目前，远东欧洲的陆桥运输线路有西伯利亚大陆桥（Siberian Land Bridge，SLB）和北美大陆桥（North American Land Bridge）。

（1）西伯利亚大陆桥

西伯利亚大陆桥是指使用国际标准集装箱将货物由远东海运到俄罗斯东部港口，再经跨越欧亚大陆的西伯利亚铁路运至波罗的海沿岸，如爱沙尼亚的塔林或拉脱维亚的里加等港口，然后采用铁路、公路或海运运到欧洲各地的国际多式联运的运输线路。

（2）北美大陆桥

北美大陆桥是指利用北美的大铁路从远东到欧洲的"海陆海"联运。该陆桥运输包括美国大陆桥运输和加拿大大陆桥运输。美国大陆桥有两条运输线路：一条是从西部太平洋沿岸至东部大西洋沿岸的铁路和公路运输线；另一条是从西部太平洋沿岸至东南部墨西哥湾沿岸的铁路和公路运输线。

7. 其他联运方式

由于地域的不同，还可以有江海联运、江河联运、江海河联运等。

本节知识要点检查与思考

1）简述国际多式联运代理业务流程。

2）简述国际多式联运业务运作过程。

3）国际多式联运有哪几种分类？

4）国际多式联运有哪几种组织形式？

第三节 国际多式联运单据

案例导入

了解国际多式联运的组织形式之后，小王还想知道国际多式联运单据与联运提单的区别，问道："李经理，我看到两张联运单据，一张是 CT B/L，另一张是 Through B/L。它们之间有何区别呢？"李经理回答："有区别的，首先，单据的名称不同，其次……"

本节任务

用自己的语言以李经理的口吻向小王解释国际多式联运与联运提单的差异。

一、国际多式联运单据的定义与签发

1. 国际多式联运单据的定义

多式联运单据（Combined Transport Documents，CTD，or Multimodal Transport Document，MTD）是指证明国际多式联运合同成立及证明多式联运经营人接管货物，并负责按照多式联运合同条款支付货物的单据。

2. 国际多式联运单据的签发

多式联运单据由承运人或其代理人签发，其作用与海运提单相似，既是货物收据也是运输契约的证明。在单据作成指示抬头或不记名抬头时，可作为物权凭证，经背书可以转让。

二、国际多式联运单据的性质与作用

1）国际多式联运单据是国际多式联运经营人与托运人之间订立的国际多式联运合同的证明，是双方在运输合同中确定权利和责任的准则。

2）国际多式联运单据是国际多式联运经营人接管货物的收据。

3）国际多式联运单据是收货人提取货物和国际多式联运经营人交货的凭证。

4）国际多式联运单据是货物所有权的证明。

三、国际多式联运单据的主要内容

国际多式联运单据是托运人和多式联运经营人之间进行国际多式联运业务的凭证，因此单据的内容必须正确、完整、清楚。《联合国国际货物多式联运公约》中规定多式联运单据一般包括以下 15 项内容。

1）货物品类、标志、危险特征的声明、包数或者件数、重量。

2）货物的外表状况。

3）多式联运经营人的名称和主要营业地。

4）发货人名称。

5）收货人名称。

6）多式联运经营人接收货物的时间、地点。

7）交付货物的地点。

8）交货日期或者期间。

9）多式联运单据可转让或者不可转让的声明。

10）多式联运单据签发的时间、地点。

11）多式联运经营人或其授权人的签字。

12）每种运输方式的运费、用于支付的货币、运费由收货人支付的声明等。

13）航线、运输方式和转运地点。

14）关于多式联运遵守公约规定的声明。

15）双方商定的其他事项。

四、国际多式联运单据的种类

国际多式联运单据可以分为两大类：可转让单据与不可转让单据。

1. 可转让单据

可转让单据分为指示单据（提单）和不记名单据（提单）。

2. 不可转让单据

不可转让单据是记名单据（提单），是在单据下面"收货人"一栏中载明作为收货人的特定人（或公司）的提单。一般不能流通转让。

五、国际多式联运单据与联运提单的区别

多式联运单据简称 CT B/L，联运提单简称 Through B/L，两者都是联运，但前者是多式，区别如表 8-2 所示。

表8-2　国际多式联运单据与联运提单的区别

项　目	国际多式联运单据	联运提单
单据名称	在多式联运方式下所使用的运输单据被称为"多式联运单据"	在联运方式下所使用的运输单据被称为"联运提单"。联运是指包括水运在内的两种以上运输方式的联合运输
单据签发人	单据的签发可以是不拥有运输工具，但有权控制运输并对全程运输负责的多式联运经营人或其授权的人签发	联运提单是由拥有运输工具的海上承运人或其代理人或船长签发的
签发人的责任	签发人对货物负有全程运输的责任	签发人仅对自己运输区段负责
签发的时间和地点	多式联运经营人或其代理人在内陆货运站、码头堆场、发货人的工厂或仓库接收货物后，即可签发多式联运单据	习惯上在装货港货物装上船舶后签发，属于已装船提单
适用的联运范围	可用于海运与其他运输方式的联运，又可用于不包括海运的其他运输方式的联运，但必须是由两种或两种以上不同运输方式所组成的联运	限于由海运与其他运输方式所组成的联合运输时使用

本节知识要点检查与思考

1）简述国际多式联运单据的性质与作用。

2）国际多式联运单据的主要内容是什么？

3）国际多式联运单据是如何分类的？

4）国际多式联运单据与联运提单有何区别？

第四节　国际多式联运运费

案例导入

　　了解国际多式联运单据与联运提单的差异之后，小王还想知道国际多式联运费用的计算方式，问道："李经理，国际多式联运费用是如何计算的呢？"李经理回答："多式联运费用的计收方式主要有单一运费制和分段运费制两种……"

本节任务

　　用自己的语言以李经理的口吻向小王解释国际多式联运费用的计费方式。

一、国际集装箱多式联运费用的构成

　　由于在现代国际贸易中，集装箱运输和国际多式联运的使用越来越广泛，货物交接向内陆延伸，实现了"门到门"交接，因此，这里我们仅学习国际集装箱多式联运运费。国际多式联运费用构成应包括运输总成本、经营管理费用和经营利润3项，即

$$国际多式联运费用 = 运输总成本 + 经营管理费用 + 经营利润$$

1. 运输总成本

运输总成本由于交货条件和运输路线不同而不同，主要构成如下。

1）国内段费用：如空箱和重箱运输费用、装卸车费、内陆铁路或内河运输费用、装挂箱费、堆场费、保管费、港务费及报关手续费等。

2）国际段费用：国际海上段或国际铁路段或国际空运段的费用，以及在国外港口站的中转费等。

3）国外段费用：与国内段大体费用相同，但要加上国外代理的交接手续费及国境费用等。

2. 经营管理费用

经营管理费用主要包括多式联运经营人与货主、各派出机构、代理人、实际承运人之间信息、单证传递费用，通信费用，单证成本和制单手续费，以及各派出机构的管理费用。这部分费用也可以分别加到不同区段的运输成本中一并计算。此外，还应包括电信、水电、房租、员工薪金、奖金、生产设备折旧等营业性开支费用。

3. 经营利润

经营利润是指多式联运经营人预期从该线路货物联运中获得的毛利润。利润的多少受多种因素的制约，需坚持的利润准则如下。

　坚持合理收费、薄利多运的原则。灵活运用回扣，国际上惯常的做法如下。

1）根据数量的多寡给予优惠或回扣。

2）根据不同地区给予回扣。

3）根据不同的商品给予回扣。

4）根据双方的合作关系给予回扣。

二、国际集装箱运输与国际贸易价格条件

目前，常用的价格条件主要有 3 种，即 FOB 价格、CFR 价格、CIF 价格。这 3 种常用的价格条件是建立在"港到港"交接的基础上的，主要适用于传统的散件货物海上和内河运输。

在现代国际贸易中，集装箱运输和国际多式联运的使用越来越广泛，货物交接向内陆延伸，实现了"门到门"交接。在这种情况下，上述 3 种常用价格条件就难以完全适应新形势发展的需要。鉴于此，国际商会（the International Chamber of Commerce，ICC）在《1990 年国际贸易术语解释通则》中推出了 3 种新的贸易价格条件。

1）货物交指定地点承运人价格（FCA）。

2）运费付至目的地价格（CPT）。

3）运费、保险费付至目的地价格（CIP）。

这 3 种贸易价格条件不仅适用于公路、铁路、海运、内河、航空等单一运输方式，而且适用于两种或两种以上运输方式相结合的国际集装箱多式联运。在目前常用的 3 种条件中，买卖双方的责任和风险的划分是以装货港或卸货港的船边为界限。而在新的价格条件中，买卖双方的责任和风险划分是以货物交给承运人或收货人为界限。尽管目前国际集装箱运输中，货物的交接地点已延伸到内陆，但习惯上仍然沿用 3 种常用的价格条件。不过，随着国际集装箱多式联运的发展走上正规，3 种新的贸易价格条件的使用将会越来越普遍。

三、国际集装箱多式联运费用的计费方式

目前，多式联运费用的计收方式主要有单一运费制和分段运费制两种。

1. 按单一运费制计算运费

单一运费制是指集装箱从托运到交付，所有运输区段均按照一个相同的运费率计算全程运费。在西伯利亚大陆桥运输中，采用的就是这种计费方式。单一运费公式，参见本节"国际多式联运费用"。

2. 按分段运费制计算运费

分段运费制是指按照组成多式联运的各运输区段，分别计算海运、陆运、空运及港站等各项费用，然后合计为多式联运的全程运费，由多式联运经营人向货主一次计收。各运输区段的费用，再由多式联运经营人与各区段的实际承运人分别结算。目前，大部分多式联运的全程运费均采用这种计费方式。分段运费制下的国际多式联运运费公式为

$$国际多式联运运费＝基本运费＋附加费用$$

3. 混合计算运费

理论上讲，国际多式联运企业应制定全程运价表，且采用单一运费率制。然而由于制定单一运费率是一件较为复杂的问题，因此，作为过渡方法，目前有的多式联运经营人尝试采取混合计收方法：从国内接收货物地点至到达国口岸采取单一费率；向发货人收取预付运费，从到达国口岸到内陆目的地的费用按实际成本确定，另向收货人收取到付运费。

四、国际集装箱多式联运运价的制定

1. 国际集装箱多式联运运价表的结构与制定程序

国际集装箱多式联运运价表根据结构不同，可分为两种形式。

1）门到门费率：门到门费率结构可以是以整箱货或拼箱货为计费单位的货物等级费率，是一种真正意义上的多式联运运价。

2）港到港间费率加上内陆运费率：这种结构形式较为灵活。

2. 制定国际集装箱多式联运运价表时应注意的事项

国际多式联运运价应该比分段运输的运价对货主更具吸引力，而绝对不能是各单一运输方式运费率的简单相加，因为这将使得多式联运经营人毫无竞争力可言。另一重要因素是如何降低运输成本。多式联运运价分为海运运价和内陆运价两部分。在多式联运运价分为上述两部分的情况下，应注意运价表的内陆运价部分必须包括以下一些内容。

1）一般性条款，如关税及清关费用、货物的包装、无效运输及更改运输线路与方向等。

2）公路、铁路及内河运输的装箱时间及延滞费。

3）额外服务及附加费的计收，如因货主原因而使用有关设备等。

此外，在制定国际集装箱多式联运运价表时还应考虑以下问题。

（1）降低内路段成本

内陆运价应真实反映各种运输方式的成本状况，以及因采用集装箱运输而增加的成本项目。同时在确定内陆运价时，既要考虑集装箱的装载能力，也要考虑运输工具的承载能力。

（2）降低海运段成本

多式联运经营人主要是无船承运人，大多采用所谓的"集拼运输"方式来减少运输成本。作为多式联运经营人／无船承运人，将起运地几个发货人运往同一目的地几个收货人的小批量、不足一箱的货物汇集起来，拼装成整箱货物运输。货物运往目的地后，由当地集拼货物的分拨人将它们分别交付各个收货人。其主要目的是从海上承运人较低的整箱货运费费率中获益，从而降低海上运输成本。另一个降低海上运输成本的途径是采用运量折扣费率形式，通过与海上承运人签订合同，获得较低的海运运费率。

本节知识要点检查与思考

1）国际多式联运费用由几个部分构成？运输总成本包含哪些费用？

2）在"门到门"交接的国际多式联运的价格条件与"港到港"的交接条件有何异同？

3）国际集装箱多式联运费用的计收方式有哪几种？计算公式是什么？

4）制定国际集装箱多式联运运价表时，应注意哪些事项？

第九章

>>>>>>>

国际货物仓储

本章学习任务

1）了解国际货物仓储的相关概念要点。

2）了解国际仓储出入库流程。

3）了解国际仓储出入库作业流程。

4）掌握国际物流货物的包装类型。

第一节　国际货物仓储概述

■ 案例导入

　　一次，小王接到一笔中转代理业务，进口货物送往保税区进行货物分装，然后复出口。由于小王第一次接触此业务，他想了解有关仓库的情况，于是向业务部经理请教，问道："李经理，为什么这批货物要在保税区仓库里存储呢？放在其他的仓库不是一样吗？"李经理回答："当然不一样，因为这批货物在分装后还需复出口……"

本节任务

　　用自己的语言以李经理的口吻向小王解释国际仓储的种类及作用。

一、仓储的概念与作用

1. 仓储的概念

　　仓储是指利用仓库存放、储存物品，并根据需要交付使用的行为。广义的仓储定义是对有形物品提供存放场所、对存放物品进行相应保管，并实施物品存取过程管理的行为总称。"仓"即仓库，是为存放物品而设置的建筑物或场地，具有存放和保护物品的功能。"储"是指对保存物品进行收存、管理、交付使用等行为。

2. 货代业务与仓储业务的关系

　　货代业务经常涉及仓储业务。仓储业务中需要仓库等设施，也需要仓储组织，管理货运代理人在提供从事仓储服务的过程中，根据自身提供的服务性质不同，所承担的责任也不同。

（1）仓储保管人业务

　　国际货代企业有的拥有自己的仓库，并经营进出口货物的仓储保管业务。在货代企业作为仓储保管人从事仓储保管业务的情况下，货运代理企业与作为存货人的货主之间签订的是仓储合同，而不是货运代理合同，因此，这时货代企业是"独立经营人"，承担的是仓储合同中当事人的责任。

（2）仓储保管代理业务

　　国际货物运输过程中，货物经常需要经过储存阶段，货运代理人因此需要办理货物仓储手续，提供货物仓储服务。如果货运代理人按照委托人的指示，从事代表委托人安排货物仓储的业务时，他是代理人。

3. 仓储的作用

（1）加速商品周转流通的作用

　　仓储本身已不仅是货物的储存，而越来越多地承担着具有生产特性的加工业务。例如，分拣、挑选、加工、整理、简单装配、贴标签、包装、备货等活动，使仓储过程与生产过程更有机地结合在一起，以增加商品的价值。

（2）调节商品价格的作用

商品通过仓储可以克服生产旺季和生产淡季与消费之间的供求矛盾，通过储存调节供求关系，调整由于供求矛盾而造成的价格差异。

（3）调节运输工具载运能力不平衡的作用

进出口货物通过仓储可以减少压船、压港，弥补内陆运输工具运载量的不足。在船舶与内陆运输之间起缓冲调节作用。

（4）国际物流运输网络的节点作用

随着国际贸易的发展，加强仓储管理是缩短商品流通时间、节约流通费用的重要手段。随着综合物流管理的进展，仓储业开展集装箱货物的拆装作业，集装箱货运站兼营国际贸易货物仓储业务越来越普遍，仓储业正在通过开展物流管理来拓展、延伸服务业务，发挥着国际物流运输网络的节点作用。

二、仓储的种类

仓储业务的根本任务是储藏和保管物品，根据仓库仓储不同的作用，使仓储业务具有不同的特征和管理特性。仓储种类按仓储作用划分成 11 种。

1. 生产储存仓库

生产储存仓库是指生产企业为了储存生产原材料，或为储存产品而设置的仓库。通常规模较大，由产品生产企业自己进行管理。

2. 流通储存仓库

流通储存仓库是指各类商业企业为了供应市场需要，设置的储存待进入市场商品的仓库。

3. 口岸仓库

口岸仓库是指储存对外贸易货物中的出口待运商品和进口待分拨商品的仓库。

4. 中转仓库

中转仓库也称转运仓库，其特点是一般设在商品生产集中的地区和运输枢纽或节点城市，如铁路、公路车站，港口码头附近，商品生产集中的大、中城市和商品集中分运的交通枢纽带。主要作用是按照商品的合理流向，收储、转运经过口岸出口的商品。

5. 加工仓库

加工仓库除储存商品外，还兼营对商品的挑选、整理、分级、包装、改装等简单的加工业务的仓库。

6. 保税仓库

保税仓库是指储存经海关批准，在海关监管下的尚未办理海关进口手续，或只是过境的进口货物的仓库。货物可以免税进出这些仓库而无须办理清关手续，可在保税仓库内对货物进行加工、存储、包装和整理等业务。我国目前保税仓库可分为 3 类：①加工贸易备料保税仓库；②寄售、维修、免税商品保税仓库；③公共保税仓库。

7. 通用仓库

通用仓库是指用以储存没有特殊要求的工业品和农副产品的仓库。通用仓库也称"普通仓库"，它具有一般的商品保管场所及普通的装卸、搬运、堆码和商品养护设备。技术装备比较简单，建造也比较容易，适用的范围比较广泛。

8. 专用仓库

专用仓库是指用以储存某一类特定商品的仓库，如粮库、金属库、电子产品库等。对于那些有特殊储存要求的商品，一般要求由专仓或专库加以储存，与通用仓库的主要区别就在于它的专用性。在保管养护的技术设备方面，相应地增加了特殊设施以保证商品的安全。

9. 特种仓库

特种仓库是指用以保存具有特殊性能、要求特别保管条件的物品的仓库，如化学危险品、油品、粮食及需要冷冻保存的物品。由于特种仓库储存物资的特殊性，因此对仓库规划布局和建筑设施设备提出了特殊要求。

10. 公用仓库

公用仓库是指由国家或某个主管部门修建的为社会服务的仓库，如堆场、港口、铁路的货场、库房等。

11. 专业经营仓库

专业经营仓库是指一些企业专门为了经营储运业务而修建的仓库，面向社会提供服务。

三、仓储的主要业务

1. 物资存储

存储是指在特定的场所，将物品收存并进行妥善的保管，确保被存储的物品不受损害。存储是仓储的最基本业务，是仓储需求的本源，是仓储活动的基本表征。为了进行专业性仓储，一般需要存货人与仓储经营人签订仓储保管合同。存储物始终属于存货人所有，存货人有权控制存储物。

2. 流通调控

存期的控制形成了对流通的控制；反之，流通的需要，决定了商品是存储还是流通。这就是仓储的"蓄水池"功能，当交易不利时，将商品储存，等待有利的交易机会。流通的控制任务就是对物资是仓储还是流通作出安排，确定存储时机、计划存放时间及储存地点。

3. 数量控制

数量控制包括两个方面：一方面，存货人交付保管的仓储物的数量和提取仓储物的数量必须一致；另一方面，保管人可以按照存货人的要求分批收货和分批出货，对储存的货物进行数量控制，配合物流管理的有效实施，同时向存货人提供数量的信息服务，以便客户控制存货。

4. 质量管理

根据收货时仓储物的质量交还仓储物是保管人的基本义务，因此保管人需要采取先进的技术、合理的保管措施，妥善和勤勉地保管仓储物。仓储物发生危险时，需要及时采取有效措施减少损失，并及时通知存货人。

5. 扩大服务项目，拓展服务业务

仓储经营人除了做好基本储存业务中的收货、保管、养护、发货等业务外，还应积极创造条件，积极拓展如包装、刷唛、挑选、分体、整理、报关、报检、装拆集装箱、装卸车、代办运输等增值业务。

6. 开发仓储质押业务

质押业务是指交易商将货物存入交货仓库或有关银行认可的其他仓库，通过办理有关手续后可获得货物一定价值的质押贷款，相关费用由交易商承担。质押业务的种类按质押标的的不同，分为存货（动产）质押和仓单质押。

四、仓储在现代物流中的地位

1. 整合运输的配载

大批量运输可以节省运费，将产品集中成大批量提交运输，或将众多供货商提供的产品整合成单一的一票运输等，这些都需要仓储来完成。

2. 分拣和组合产品

对于需要整合运达消费地的产品，在仓库里可以根据产品流出去向、流出时间的不同进行分区分类，分别配载到不同运输工具上，配送到不同的目的地。此外，还适用于不同产地的产品在仓库进行整合成系列体系后再向供应商供货。

3. 流通加工

流通加工是指将产品的某些加工工序转移到物流过程中进行的活动，是产品生产的延续，如产品的包装、装潢包装、贴标签、改型、上色、定量、组装、成型等。

4. 存货控制

存货意味着资金停滞、成本增加、保管费用的增加，并会产生耗损、浪费等风险。库存控制的对象是仓储中的商品存量。仓储存货控制包括存量控制、仓储点的安排、补充控制、出货安排等工作。

5. 合理调节物流成本

合理准确的仓储会减少商品的换装、流通，减少作业次数，降低运输成本。采用机械化和自动化的仓储作业可降低作业成本。优良的仓储管理，对商品实施有效的保管和养护、准确的数量控制，可以减少风险成本。

6. 实现物流增值服务

产品在仓储过程中可以实现很多物流增值服务。流通加工是在仓储环节物资流动停顿时开展，通过加工提高产品的质量、改变功能、实现产品的个性化；通过仓储的时间控制，使生产节奏与消费同步，实现物流管理的时间效用的价值；通过仓储的商品整合，开展消费个性化的服务等。

五、仓储合同

1. 仓储合同概念

仓储合同是指保管人储存存货人交付的仓储物、存货人支付仓储费的合同。提供储存保管服务的一方被称为保管人，接受储存保管服务并支付报酬的一方被称为存货人，交付保管的货物为仓储物。仓储合同属于保管合同的一种特殊类型。

2. 仓储合同种类

（1）一般保管仓储合同

一般保管仓储合同是指仓库经营人为存货人提供完善的仓储条件，接受、保管其仓储物，并在保管期届满时，将收保的仓储物原样（包括仓储物在仓储期间自然增加的孳息）交还存货人而订立的仓储保管合同。这种合同的仓储物为确定种类物，保管人严格承担归还原物的责任。

（2）混藏式仓储合同

混藏式仓储是指存货人将一定品质、数量的货物交付给保管人，保管人将不同存货人的同种类、品质的仓储物混合保存，在存期满时，保管人只需以相同种类、品质、数量的货物返还给存货人，而不需要按原物归还的仓储方式。

混藏式仓储合同的标的物为确定种类物，保管人应严格按照合同中所描述的仓储物数量、质量承担责任，没有合理耗损的权利。当保管人向存货人交还的仓储物与合同描述的不符时，需补偿存货人的损失。混藏式仓储合同具有保持仓储物价值的功能。

（3）仓库租赁合同

仓库租赁是指仓库所有人将所拥有的仓库出租给存货人，只提供基本的仓储条件，进行环境管理、安全管理等一般性的仓储管理，由存货人自行保管其商品的仓储经营方式。仓库租赁合同从严格意义上来说只是财产租赁合同，但是由于仓库出租方具有部分仓储保管的责任，所以它具有仓储合同的一些特性。

3. 仓储合同内容

仓储合同的主要条款如下。

1）货物的品名和种类。

2）货物的数量、质量及包装。

3）货物验收的内容、标准、方法和时间。

4）进出库存手续、时间、地点、运输方式。

5）货物损耗标准和损耗处理。

6）计费项目、标准和结算方式、银行、账号、时间。

7）责任的划分和违约处理。

8）合同的有效期限。

9）合同应订明提出变更或解除合同的期限，以便对方做好相应的准备。

本节知识要点检查与思考

1）货代业务与仓储业务之间有何关联？

2）国际仓储有哪几种分类？

3）仓储的主要业务有哪些？

4）仓储在现代物流中的地位如何？

5）仓储合同的主要内容有哪些？

第二节　国际仓储业务

案例导入

了解国际仓储的种类及作用之后，小王对保税仓库货物出入库的流程产生了兴趣，便问道："李经理，能不能给我说说保税仓库货物出入库的流程？"李经理回答："没问题。首先是入库流程，又可分为本地进货入库和异地进货入库……"

本节任务

用自己的语言以李经理的口吻向小王解释保税仓库货物出入库的流程。

一、国际货物仓储业务流程

1. 收货

收货是其他仓储活动的前提。收货的方法有直接装运、直拨、制订收货计划、预收货。收货准备包括预包装、使用必要的标签、为货物称重并测量体积以便制订存储及运输计划。

2. 入库

入库分为散货入库和拆箱入库。散货入库进仓作业主要有卸货、入库验收、固定、贴上储位标签和上架。提货单上要注明货物交货条款是集装箱货运站或堆场条款，但码头同意进库的，得到码头计划受理台确认后，码头集装箱货运站仓库员根据仓库的库存情况，应安排拆箱进库，并将拆箱信息及时通知码头收费部门。

3. 储存保管

1）存放：常用的货位分配方法有可变的货位和固定的货位。

2）保管：保管方式有地面平放式、托盘平放式、直接堆放式、托盘堆码式、货架存放式。

3）商品的在库管理：对商品进行分区分类、货位编号。

4）仓储商品的数量管理：货物保管账卡的登记、货物保管卡的登记、货物的盘点。

4. 出库

出货采用的处理方式有补货、拣货，库内加工，商品出库中的问题处理。出库的程序包括核单备货、复核、包装、点交、登账、现场和档案清理。

二、保税仓库货物出入库流程

1. 入库流程

（1）本地进货

本地进货入库流程：①填写进口货物报关单；②海关查验货物；③货物存入保税仓库；④进口货物报关单交给保税仓库；⑤保税仓库经营人签收；⑥报关单交回海关。具体内容如图9-1所示。

图9-1　本地进货入库流程

（2）异地进货

异地进货入库流程：①转运货物申请；②海关核查；③办理转关运输手续；④办理申报及入库手续。具体内容如图9-2所示。

图9-2　异地进货入库流程

2. 入库管理

入库管理流程如图9-3所示。

图9-3　入库管理流程

（1）入库准备

入库准备：①熟悉入库货物；②掌握仓库库场情况；③仓库妥善安排货位；④做好货位准备；⑤准备苫垫材料、作业用具；⑥验收准备；⑦装卸搬运工艺设定；⑧文件单证准备。

（2）确定货位

确定货位：①固定货物的货位；②不固定货物的货位（随机）；③分类固定货物的货位。

（3）检验货物

检验货物：①数量检验；②质量检验。

验货方法与标准：视觉、听觉、触觉、嗅觉、味觉、测试仪器、运行检验等。

外观检验注意事项：①包装检验；②外观检验；③重量、尺度检验；④标签、标志检验；

⑤打开外包装检验（2人以上）。

（4）入库交接登记

入库交接登记：①办理交接手续，包括接收货物、接受文件、签署单证（入库、查验、理货、残损、事故报告）；②登账；③立卡；④建档。

3. 出库流程与管理

（1）原物复出口

原物复出口流程：①申报；②填写出口货物报关单并提交进口报关单；③海关核实；④办理复出境手续。

（2）加工贸易提取后加工成品出口

加工成品出口流程：①申请加工贸易合同审批；②登记备案；③海关核发《登记手册》；④办理提货手续；⑤提取货物。

（3）国内销售使用

国内销售使用流程：①填写进口货物报关单；②提交有关批件；③缴纳税费；④办妥放行。

4. 核销办理

保税仓库货物应按月向主管海关办理核销。主管海关对保税仓库入库、出库报表与实际进口、出口报关单及领料单进行审核，核实无误后予以核销。并在一份保税仓库报表上加盖印章认可，退还保税仓库经营单位留存。

三、保税仓库出入库作业流程

1. 入库作业

（1）编制入库作业计划

货物入库作业计划是根据仓储保管合同和货物供货合同，编制货物入库数量和入库时间进度的计划。主要内容包括入库货物的名称、种类、规格、数量、入库日期、所需仓库容量、仓储保管条件等。

（2）入库前的准备

入库前的准备工作主要包括储位准备、人员准备和设备准备。

（3）单据核对

货物到库后，仓库收货人员首先要检查货物入库单据，然后根据入库单据开列的货品单位和名称等内容进行核对。

2. 在库作业

（1）分类报关

对于各类已入库的保税货物，按照货主、货物类别分开保管。各类货物之间设置明显的隔离带，以示区别。

（2）定期盘存

对于各类在库的保税货物，每月进行一次盘存，确保账物相符、无差错。若发现货物存储期将近1年时，通知货主尽快提货，特殊情况可向海关申请延期，但延期最长不能超过1年。

3. 出库作业

（1）出库单据

根据客户传来的数据录入海关仓库管理系统生成出库提货单，交客户或报关员报关。

（2）放行通知

报关完毕之后，将提货单及报关原件等交回仓储部，单证管理员将报关单号输入海关保税仓储系统后，发送电子数据给海关，并接受海关电子放行通知。

（3）出库通知

接到客户货物出库指令后，仓储部经理按此指令制定出库通知，并将出库通知交仓库管理员，由仓库管理员按出库通知要求，组织叉车驾驶员和仓库出货人员，将待发货物挑选出来并摆放在待发区或装上指定承运工具上。

（4）货物交接

货物装上指定承运工具上，收货人对货物数量及包装情况签署意见，仓库管理员将收货人证件的复印件、客户货物出库指令、仓储部经理制定的出库通知和收货人收货意见表一起交给单证管理员。单证管理员根据上述资料，将出库数据录入海关保税仓库系统，并生成实际已核对通过的出库提货单，交给收货人。

（5）提货所需资料

提货人到仓库提货所需资料如下。

1）须提供海关盖有放行章的提货单（仓储核销联）等海关放行单证。

2）客户正本出库指令或与仓储合同所示委托方传真号一致的传真件正本的出库指令。

3）与出库指令一致的收货人身份证明原件。

（6）出库后工作

仓库管理员在收货人提货后，登记桩脚卡，填写出库台账。

本节知识要点检查与思考

1）简述国际货物仓储业务流程。

2）仓储出库的流程是怎样的？

3）简述保税仓库货物出入库流程。

4）简述保税仓库出入库作业流程。

第三节　国际物流货物包装

案例导入

了解保税仓库货物出入库的流程之后，小王还想知道国际物流货物包装相关知识，问道："李经理，为确保货物安全完好送达客户手中，对货物的包装技术有哪些要求呢？"李经理回答："货物的包装，要根据货物的类别、性能及其形态来选择适应的包装技术和方法……"

本节任务

用自己的语言以李经理的口吻向小王解释常见的5种包装技术。

一、国际物流货物包装概述

1. 包装的概念

包装是货物说明的组成部分，是商品生产的继续，是保护商品和美化商品的一种手段。它是在物流过程中保护产品、方便储运、促进销售，按一定技术方法采用容器、材料及辅助物等将货物包封并给予适当的装潢和标志的工作总称。简言之，包装是包装物和包装操作的总称。

2. 包装在物流中的地位

在社会再生产过程中，包装处于生产过程的末尾和物流过程的开头。

（1）包装是生产的终点

包装是产品生产的最后一道工序，它标志着生产的完成。产品的包装根据产品的性质、形状和生产工艺来满足生产的要求。

（2）包装是物流的始点

产品完成包装后便可进行物流。在整个物流过程中，包装保护产品、进行物流、实现销售。包装对物流有决定性的作用。

（3）包装与物流的关系

以前，包装只是被看作生产的终点，其设计不能满足流通的要求。现在，人们认识到包装与物流的关系要比生产密切得多，包装作为物流始点比作为生产的终点意义更大。包装进入物流系统是现代物流的新观念。

3. 包装的特性与功能

（1）特性

包装有三大特性，即保护性、单位集中性和便利性。

（2）功能

包装有四大功能，即保护商品、方便物流、促进销售和方便消费。

1）保护商品：包装的目的就是要使商品无损流通，防止商品在流通过程中破损变形、发生化学变化，防止商品腐烂变质。此外，包装还有防止异物混入、污物污染，防止丢失、散失、盗失等作用。

2）方便物流：由于包装具有将商品以某种单位集中（单元化）的功能，因此，便于货物装卸与物流运输。

3）促进销售：商流有关的包装功能是促进销售。在商业交易中，促销的手段很多，包装在其中占有重要地位。恰当的包装能够唤起人们购买的欲望。包装外部的形态、装潢如广告说明一样，是很好的宣传品，对顾客的购买起着说服的作用。

4）方便消费：包装还有方便流通及方便消费的功能。这就要求包装的大小、形态、材料、重量、标志等各个要素，都应为运输、保管、验收、装卸等各项作业创造方便条件，也要求容易区分不同商品并进行计量。进行包装及拆装作业时，应当简便、快速，拆装后的包装材料应当容易被处理。

4. 现代物流对包装技术的要求

现代化的物流包装知识和技术研究，能给各行各业带来多种实际利益，它对因包装因素带来的出口商品不合格或企业经济损失等问题的解决都有着重要的现实意义。目前，国内现代物流对包装技术的新要求主要有以下 5 点。

（1）包装绿色化

能够循环复用、再生利用或降解腐化，且在产品的整个生命周期中对人体及环境不造成公害的适度包装，被称为绿色包装。

（2）包装标准化

在生产技术活动中，对所有制作的运输包装和销售包装的品种、规格、尺寸、参数、工艺、成分、性能等所作的统一规定，被称为产品包装标准。产品包装标准是包装设计、生产、制造和检验包装产品质量的技术依据。

（3）包装合理化

包装与物流各环节都有密切的联系。关于包装的合理化，国内外开展了广泛的研究。包装合理化的要点是从物流总体角度出发，用科学方法确定最优包装及防止包装不足和包装过剩。

（4）包装智能化

物流信息化发展和管理的一个基础条件就是包装的智能化。因为在物流活动过程中，信息的传递大部分是包装携带的。也就是说，如果包装上信息量不足或错误，将会直接影响物流管理中活动的进行。

（5）包装系统化

包装作为物流的一个部分，必须把包装置于物流系统加以研究。如果只片面强调节省包装材料和包装费用，虽然包装费用降低了，但由于包装质量低，在运输和装卸搬运等物流过程中就会造成破损。物流大系统及其他子系统是相互联系、相互制约的。

二、国际物流货物包装种类

1. 根据包装作用分类

按商品在流通过程中的作用不同，包装可分为运输包装（Transportation Packing）、销售包装（Sales Packing）、中性包装（Neutral Packing）和定牌包装（Nominated Brand Packing）。

（1）运输包装

运输包装又称大包装或外包装（Outer Packing），是指商品运输时将一件或数件商品装入容器或以特定方式加以包扎的二次包装。运输包装必须牢固，其作用主要是保护商品的品质完好和数量完整，便于运输、储存、检验、计数和分类。

（2）销售包装

销售包装又称小包装或内包装（Inner Packing），实际上是一种零售包装。在销售包装上，除附有装潢画面和文字说明外，有的还印有条形码标志。我国条形码上的国别号为"690"、"691"和"692"。

（3）中性包装

中性包装是指在商品和商品的内外包装上不注明生产国别、地名和厂名，也不注明原有商标的牌号，甚至没有任何文字的包装形式，包括无牌中性包装和定牌中性包装。使用此包装的目的是打破某种进口国家和地区实行的关税壁垒、配额限制及其他一些限制进口的歧视性措施。

（4）定牌包装

定牌包装是指卖方在商品及其包装上采用买方指定的商标或牌号，但均注明生产国别。一般对于国外大量的、长期且稳定的订货，可以接受买方指定的商标。有时为了利用买方的销售渠道和名牌的声誉，也可采用这种做法。

2. 根据包装材料分类

按照包装材料划分为托盘包装、包装袋、包装盒、包装瓶和包装罐（筒），其适用范围如表9-1所示。

表9-1　物流包装的种类及适用范围

种　类		特　性	适 用 范 围
托盘包装		托盘为承载物，将包装件或产品堆码在托盘上，通过捆扎、裹包或胶粘等方法加以固定，形成一个搬运单元，以便用机械设备搬运	包装货物、裸装货物
包装袋	集装袋	包装袋材料是挠性材料，有较高的韧性、抗拉强度和耐磨性	运输包装、商业包装、销售包装
	一般运输包装袋		
	小型包装袋		
包装盒		介于刚性和柔性包装两者之间的包装技术。包装材料有一定挠性，不易变形，有较高的抗压强度，刚性高于袋装材料	适合做商业包装、销售包装，适合包装块状及各种异形物品
包装箱	瓦楞纸箱	包装材料为刚性或半刚性材料，有较高强度且不易变形。包装结构和包装盒相同，只是容积、外形都大于包装盒，包装箱整体强度较高，抗变形能力强，包装量也较大	适合做运输包装，包装范围较广，主要用于固体杂货包装
	木箱		
	塑料箱		
	集装箱		
包装瓶		瓶颈尺寸有较大差别的小型容器，是刚性包装中的一种，包装材料有较高的抗变形能力，刚性、韧性要求一般也较高	主要做销售包装使用，主要包装液体、粉状货
包装罐（筒）	小型包装罐	包装材料强度较高，罐体抗变形能力强	可做运输包装，也可做销售包装用
	中型包装罐		

三、绿色包装

1. 绿色包装的概念

绿色包装又称环保包装，是指包装节省资源、用户可回收利用，焚烧时无毒害气体、填埋时占耕地少并能降解和分解的包装。外国有人形象地把绿色包装归纳为 4R 包装，即 Reduce（减少包装材料消耗量）、Refill（大型容器可再次填充使用）、Recycle（可循环使用）和 Recovery（可回收使用）。

2. 绿色包装材料的种类

（1）重复再用和再生的包装材料

重复再用包装，如啤酒、饮料、酱油、醋等包装采用玻璃瓶，可反复使用。再生的包装材料可用两种方法再生。一是用物理方法直接将包装物（如塑料瓶）彻底粉碎，无任何污染残留，经处理后直接用于再生包装容器；二是用化学方法将回收的塑料瓶粉碎洗涤之后，用解聚剂甲醛水、乙二醇或二甘醇等在碱性催化剂作用下，使塑料全部解聚成单体或部分解聚成低聚物，纯化后再将单体或低聚物重新聚合成再生塑料包装材料。

（2）可食性包装材料

可食性包装材料在食品工业，尤其是在果蔬保鲜方面，具有广阔的应用前景。

（3）可降解包装材料

可降解包装材料是由微生物合成的生物降解塑料，简称生物塑料，包括生物聚酯、生物纤维素、多糖类和聚氨基酸等，填埋后能够自动降解，不会污染环境。目前，美国、日本等国使用一种淀粉塑料，含淀粉在90%以上，添加的其他组分也是能完全降解的；另外，还有光降解塑料，即在光的作用下能发生降解的塑料。

3. 绿色包装对包装材料的要求

（1）简化包装、节约包装材料

要严格控制包装材料的用量，精细设计、选用包装方式和包装材料，节约包装，简化包装。

（2）回收或循环利用包装材料

所使用的包装材料要尽可能做到能够回收或循环使用。例如，美国20%的塑料饮料瓶是可再循环使用的。

（3）使用可分解、可降解的材料

包装用的材料要可分解、可降解。例如，日本在食品包装方面正努力用纸包装代替塑料包装；美国用旧报纸的再生纸浆制成可以再生的包装新型垫材，用来代替广泛使用的泡沫塑料垫材。

（4）改进包装质量

限制包装材料的重金属含量及其他成分，如油墨、染料、粘合剂用量；限制卤素及其他危险物质的使用；限制使用由氯漂白的包装材料。

（5）包装废弃物处理

避免使用聚苯乙烯泡沫、聚苯乙烯袋等作为包装材料；不能在纸箱上使用柏油、沥青等外刷涂料。

四、包装技术

货物的种类繁多，性能与包装要求各异，因此在包装设计与作业中，必须根据货物的类别、性能及其形态选择适应的包装技术和方法。从而以最适宜的方法，保障货物在流通各环节作业中的安全，以最低消耗完好地把货物送到用户手中。常见的包装技术有以下5种。

1. 防震包装技术

防震包装技术是指要防止货物在运输、装卸搬运作业中因震动、冲击等造成货物的损伤而采用的一种技术。此技术的主要要求是确定防震材料的种类和所需要的厚度。

2. 防潮包装技术

防潮包装技术是指在货物流通过程中，为防止货物因空气中的潮气（水蒸气）会发生变质、潮湿、凝结及进一步发生霉变等的包装技术。

3. 防水包装技术

防水包装技术是指防止货物受水侵袭到包装物内部而采用的包装技术。其做法是采用某些防水材料作为阻隔层，并用防水粘结剂或衬垫、密封等措施防止水进入包装内部。

4. 防锈包装技术

金属生锈是由于空气中的污染物质和溶解在水蒸气中的物质附着于金属表面上发生化学反应。最常采用的防锈方法就是使用防锈剂，防锈剂分为防锈矿油和汽化性防锈剂两种。方法是先清洗处理金属制品表面，并涂封防锈材料，再用透温率小且易封口的防潮包装材料进行包装。

5. 防虫鼠包装技术

包装货物时，放入一定量的驱虫剂以达到防虫鼠害的目的，包装物品的容器也应当进行防虫鼠害处理。

五、包装标记与包装标志

1. 包装标记

包装标记是指根据货物本身的特征，用文字和阿拉伯数字等在包装上标明规定的记号。

（1）一般包装标记

一般包装标记称为包装的基本标记，在包装上写明货物的名称、规格、型号、计量单位、数量（毛重、净重、皮重）、长、宽、高、尺寸、出厂时间等说明。对于时效性较强的货物，还需注明储存期或保质期，如胶卷、食品等。

（2）表示收货地点和单位的标记

表示收货地点和单位的标记是注明商品的起运地点、到达地点和收发单位的文字记号。反映的内容是收、发货具体地点（收货人地点，发货人地点，收货站、港，发货站、港等）及收、发货单位的全称。

（3）标牌记号

标牌记号就是在货物包装上钉打说明商品性质特征、规格、质量、产品批号、生产厂家等内容的标识牌。标识牌通常用金属制成。

2. 包装标志

包装标志是用来指明被包装货物的性能和物流活动安全，以及理货、分运时需要进行的文字或图像的说明。

（1）指示标志

指示标志是用来指示运输、装卸、保管人员在作业时需要注意的事项，以保证货物的安全。主要表明货物的性质、货物堆放、开启、吊运等的方法。部分国际惯例通用的装卸指示标志如图9-4所示。

（2）危险品标志

危险品标志是用来标示危险品的物理、化学
性质及危险程度的标志。它可提醒人们在运输、
储存、保管、搬运等活动中引起注意。根据国家
标准 GB190—2009《危险货物包装标志》规定，
每种危险品包装件应按其类别贴相应的标志。
但如果某种物质或物品还有属于其他类别的危
险性质，包装上除了粘贴该类标志作为主标志
以外，还应粘贴表明其他危险性的标志作为副
标志，副标志图形的下角不应标有危险货物的
类项号。

图9-4 装卸指示标志

3. 包装标记与包装标志的要求

（1）必须按照国家有关部门的规定办理

我国对货物包装标记和标志所使用的文字、符号、图形及使用方法等都有统一的规定。

（2）必须简明清晰、易于辨认

包装标记和标志要文字少，图案清楚，易于制作，一目了然，方便查对。标记和标志
的文字、字母及数字号码的大小应与包装件的标记和标志的尺寸相称，笔画粗细要适当。

（3）涂刷、栓挂、粘贴标记和标志的部位要适当

所有的标记和标志都应位于搬运、装卸作业时容易看到的地方。为防止在物流过程中
某些标记和标志被磨掉或不清楚难以辨认，应尽可能在同一包装物的不同部位制作两个相
同的标记和标志。

（4）标记和标志的颜色要鲜艳

制作标记和标志的颜料应具备耐温、耐晒、耐摩擦等性能，不发生褪色、脱落等现象。

本节知识要点检查与思考

1）物流包装有何特性与功能？

2）现代物流对包装技术有何要求？

3）物流货物的包装是如何分类的？

4）什么是绿色包装？哪些是绿色包装材料？

5）包装标记与包装标志有何区别？

第十章

>>>>>>>

报检与报关业务

本章学习任务

1）了解报检与报关业务的相关概念要点。

2）了解报检与报关业务的一般工作流程。

3）掌握进出口关税的计算方法。

4）了解转关的方式与业务流程。

第一节 报检业务

案例导入

　　一次，小王接到一笔客户委托报检与报关业务，由于对报检与报关业务还不太熟悉，因此他向业务部经理请教，问道："李经理，请问我国对哪些出入境货物须进行检验检疫呢？"李经理回答："出入境检验检疫报检范围，一是法律、法规规定必须由出入境检验检疫机构检验检疫的，具体包括……"

本节任务

　　用自己的语言以李经理的口吻向小王解释出入境货物检验检疫的报检范围。

一、报检业务概述

1. 报检及出入境检验检疫的概念

（1）报检的含义

进出口商品报检是指进出口商品的收发货人或其代理人根据《中华人民共和国进出口商品检验法》（以下简称《商检法》）及其实施条例等有关法律、行政法规的规定，在检验检疫机构规定的地点和期限内向出入境检验检疫机构申请对其进出口商品实施法定检验的程序。

（2）出入境检验检疫的含义

出入境检验检疫是指检验检疫部门和检验检疫机构依照法律、行政法规和国际惯例等的要求，对出入境货物、交通运输工具、人员等进行检验检疫、认证及签发官方检验检疫证明等监督管理工作。

2. 报检单位

出入境检验检疫报检单位有两类：自理报检单位和代理报检单位。

（1）自理报检单位

自理报检单位是指经报检单位工商注册所在地辖区出入境检验检疫机构审查合格，办理过备案登记手续并取得报检单位代码后，自行办理相关的报检或申报手续的境内企业法人或其他报检单位。

（2）代理报检单位

代理报检单位是指经国家质量监督检验检疫总局（以下简称国家质检总局）注册登记，受出口货物生产企业的委托或受进出口货物发货人、收货人的委托，或受对外贸易关系人等的委托，依法代为办理出入境检验检疫报检或申请事宜的，在工商行政管理部门注册登记的境内企业法人。代理报检单位的申办应具备以下条件。

1）在工商行政管理部门颁发的企业法人营业执照中，其经营范围中列明有代理报检或与之相关的经营权。

2）注册资金需人民币150万元以上。

3）有固定场所及符合办理检验检疫报检业务所需的条件。

4）有健全的管理制度。

5）有一定数量具有报检员资格证的人员。

6）国家质检总局规定的其他必备条件。

3. 商检机构的种类

在国际贸易中，商检机构大致可以分为官方、半官方和非官方 3 种检验机构。

（1）官方检验机构

官方检验机构是指由国家或地方政府投资，按照国家有关法律、行政法规对进出口商品的质量检验工作实施法定检验检疫和监督管理的机构。这是每个主权国家为了保护本国利益而采取强制性措施所设立的，如中华人民共和国国家质量监督检验检疫总局（General Administration of Quality Supervision，Inspection and Quarantine of the People's Republic of China，AQSIQ）、英国标准协会（British Standards Institution，BSI）等。

（2）半官方检验机构

半官方检验机构是指由国家批准设立的公证检验机构。它由政府授权，使其代表政府行使商品检验鉴定工作或某一方面的检验管理工作，作为国家行政执法部门实施监督管理的有效依据，如美国安全试验所（Underwriters Laboratories Inc.，UL）。

（3）非官方检验机构

非官方检验机构是指由私人创办的、具有专业检验鉴定技术能力的公证行或检验公司，如英国劳氏船级社 (Lloyd's Register of Shipping，LR)。

二、出入境检验检疫报检范围

出入境检验检疫报检范围如下。

1）法律、法规规定必须由出入境检验检疫机构检验检疫的。具体包括以下内容。

①列入《出入境检验检疫机构实施检验检疫的进出境商品目录》（以下简称《法检目录》）内的货物。

②入境废物、进口旧机电产品。

③出口危险货物包装容器的性能检验和使用鉴定。

④进出境集装箱。

⑤进境、出境、过境的动植物，动植物产品及其他检疫物。

⑥装载动植物、动植物产品和其他检疫物的装载容器、包装物、铺垫材料，进境动植物性包装物、铺垫材料。

⑦来自动植物疫区的运输工具；装载进境、出境、过境的动植物，动植物产品及其他检疫物的运输工具。

⑧进境拆解的废旧船舶。

⑨出入境人员、交通工具、运输设备，以及可能传播检疫传染病的行李、货物和邮包等物品。

⑩旅客携带物（包括微生物、人体组织、生物制品、血液及其制品、骸骨、骨灰、废旧物品和可能传播传染病的物品，以及动植物、动植物产品和其他检疫物）和携带伴侣动物。

⑪国际邮寄物（包括动植物、动植物产品和其他检疫物、微生物、人体组织、生物制品、

血液及其制品，以及其他需要实施检疫的国际邮寄物）。

⑫ 其他法律、行政法规规定需经检验检疫机构实施检验检疫的其他应检对象。

2）国家或地区规定必须凭检验检疫机构出具的证书方准入境的。

3）国际条约规定须经检验检疫的。

4）贸易合同约定须凭检验检疫机构签发的证书进行交接、结算的。

5）签发一般原产地证明书、普惠制原产地证明书等原产地证明书的。

三、电子报检

1. 电子报检的含义

电子报检是指报检人使用电子报检软件通过检验检疫业务服务平台，将报检数据以电子报文方式传输给检验检疫机构，经检验检疫机构业务管理系统和检务人员的处理后，将受理报检报验信息反馈给报检人，实现远程办理出入境检验检疫报检的行为。

2. 报检人的条件

申请电子报检的报检人，应同时符合以下条件。

1）已在检验检疫机构办理报检人登记备案或注册登记手续。

2）具有经检验检疫机构培训考核合格的报检员。

3）具备开展电子报检的软硬件条件。

4）在国家质检总局指定机构办理电子业务开户手续。

3. 报检所需资料

报检人申请电子报检时，应提供以下资料：①报检人的登记备案或注册证明复印件；②电子报检登记申请表；③电子业务开户登记表。

检验检疫机构应及时对申请开展电子报检业务的报检人进行审核。经审核合格的报检人可以开展电子报检业务。

四、法定检验

1. 法定检验的含义

法定检验又称强制性检验，是指为了保护人类健康和安全、保护动物或者植物的生命和健康、保护环境、防止欺诈行为、维护国家安全，由国家行政执法机构依照国家法律和行政法规规定的程序，对与国计民生关系重大的、必须实施检验的进出口商品实施的强制性检验。

2. 法定检验的标准与原则

（1）检验标准

根据《商检法》及实施条例对列入《法检目录》的进出口商品，规定法定检验的检验标准如下。

1）按照国家技术规范的强制性要求进行检验。

2）没有国家技术规范强制性要求的，参照国外有关标准进行检验。

（2）检验原则

国家技术规范包括国家商检部门根据对外贸易和商品检验的实际需要，制定进出口商品检验的行业标准。在执行法定检验的检验标准时，应掌握"就高不就低"的原则。凡法律、行政法规规定的强制性标准高于合同约定标准时，按强制性标准检验；法律、行政法规规定的强制性标准低于合同约定标准时，按合同约定标准检验，即"就高不就低"。

五、检验检疫证书

1. 检验检疫证书的含义

检验检疫证书（Inspection Certificate）是指由政府机构或公证机构对进出口商品检验检疫或鉴定后，根据不同的检验结果或鉴定项目出具并且签署的书面声明，证明货物已检验达标并评述检验结果的书面单证。

2. 检验检疫证书的种类

根据进出境货物不同的检验检疫要求、鉴定项目和不同作用，我国检验检疫机构签发不同的检验检疫证书、凭单、监管类证单、报告单和记录报告，共有 85 种以上。常见的有以下几种。

1）出入境检验检疫品质证书（Quality Certificate），证明进出口商品的品名、规格、等级、成分、性能等产品质量实际情况。

2）出入境检验检疫数量检验证书（Quantity Certificate），证明进出口商品的数量、重量如毛重、净重等。

3）出入境检验检疫植物检疫证书（Phytosanitary Certificate），证明植物基本不带有其他的有害物，因而符合输入国或地区的植物要求。

4）出入境检验检疫动物检疫证书（Animal Health Certificate），证明出口动物产品经过检疫合格的书面证件，适用于冻畜肉、冻禽、皮张、肠衣等商品，且必须由主任兽医签署。

5）出入境检验检疫卫生证书（Sanitary Certificate），证明可供食用的出口动物产品、食品等经过卫生检疫或检验合格的证件，如肠衣、罐头食品、乳制品等。

6）熏蒸 / 消毒证书（Fumigation/Disinfection Certificate），证明出口动植物产品、木制品等已经过消毒或熏蒸处理，保证安全卫生，如猪鬃、针叶木、马尾、羽毛、山羊毛、羽绒制品等。

7）出境货物运输包装性能检验结果单，适用于经检验合格的出境货物包装性能检验。

8）残损鉴定证书（Inspection Certificate on Damaged Cargo），证明进口商品残损情况的证书，供索赔时使用。

9）包装检验证书（Inspection Certificate of Packing），用于证明进出口商品包装情况的证书。

10）温度检验证书（Certificate of Temperature），证明出口冷冻商品温度的证书。

11）船舶检验证书（Inspection Certificate on Tank /Hold），证明出口商品的船舶清洁、牢固、冷藏效能及其他装运条件是否符合保护承载商品的质量和数量完整与安全要求的证书。

12）货载衡量检验证书（Inspection Certificate on Cargo Weight and Measurement），证明进口商品的重量、体积吨位的证书，是计算运费和指定配载计划的依据。

本节知识要点检查与思考

1）代理报检单位应具备何种条件？
2）在国际贸易中，有哪几种商检机构？
3）出入境检验检疫报检的范围有哪些？
4）法定检验的标准和原则是什么？
5）常见的检验检疫证书有哪几种？

第二节　报 关 业 务

案例导入

了解出入境货物检验检疫的报检范围之后，小王又追问道："李经理，那么海关对进出口货物是怎样进行查验的？"李经理回答："首先要确定查验的时间和地点，然后海关人员及相关人员到场进行查验，检查方法是……"

本节任务

用自己的语言以李经理的口吻向小王解释海关对进出口货物检查的方式方法。

一、报关业务概述

1. 报关的概念

报关是指进出口货物收发货人、进出境运输工具负责人、进出境物品所有人或者他们的代理人向海关办理货物、物品或运输工具进出境手续及相关海关事务的过程，包括向海关申报、交验单据证件，并接受海关的监管和检查等。报关是履行海关进出境手续的必要环节之一。

2. 报关单位

报关单位是指在海关注册登记或已经海关批准，向海关办理进出口货物报关纳税等海关事务的境内法人或其他组织。能够向海关注册登记的单位分为两类：一类是办理报关注册登记单位；另一类是办理代理报关注册登记单位。

3. 报关活动相关人

报关活动相关人主要指的是经营海关监管货物仓储业务的企业、保税货物的加工企业、转关运输货物的境内承运人等。这些企业、单位虽然不具有报关资格，但与报关活动密切相关，承担着相应的海关义务和法律责任。

4. 报关员

报关员是指取得报关员资格、依法在海关注册，向海关办理报关纳税等海关事务的人员。报关员必须经海关培训、考核合格并获得由海关颁发的报关员证，才可以从事报关工作。自资格证书签发之日起3年内未注册成报关员或连续两年脱离报关员岗位的证书自动失效。

5. 报关期限

报关期限是指货物运到口岸后，法律规定收货人或其代理人向海关报关的时间限制。根据《中华人民共和国海关法》规定，进口货物的报关期限为自运输工具申报进境之日起14日内，由收货人或其代理人向海关报关；转关进口货物除在14日内向进境地海关申报外，还须在载运进口货物的运输工具抵达指运地之日起14日内向指运地海关报关；超过这个期限报关的，由海关征收滞报金。

出口货物应在货物装入运输工具的24小时之前向海关报关。也就是说，应先报关，后装货。须在报关24小时之后，才能将货物装入运输工具。

二、报关程序

报关工作的全部程序分为申报、查验、放行3个阶段。

1. 进出口货物的申报

（1）报关申报

进出口货物的收发货人或者他们的代理人在货物进出口时，应在海关规定的期限内，按海关规定的格式填写进出口货物报关单。随附有关的货运、商业单据，同时提供批准货物进出口许可证，向海关申报。

（2）随附单据

随报关单同时交验的货运和商业单据有海运进口提货单、海运出口装货单（需报关单位盖章）、陆运或空运运单、货物的发票（其份数比报关单少一份，需报关单位盖章等）、货物的装箱单（其份数与发票相等，需报关单位盖章）等。需要说明的是，如海关认为必要，报关单位还应交验贸易合同、订货卡片、产地证明等。另外，按规定享受减免税或免验的货物，应在向海关申请并已办妥手续后，随报关单交验有关证明文件。

2. 进出口货物的查验

（1）查验时间及地点

海关查验货物应在海关规定的时间和场所进行。如有特殊理由，事先报经海关同意，海关可以派人员在规定的时间和场所以外查询，申请人应提供往返交通工具和住宿并支付费用。

（2）查验及到场人员

海关查验货物时，要求货物的收发货人或其代理人必须到场，并按海关的要求负责办理货物的搬移、拆装箱和查验货物的包装等工作。海关认为必要时，可以进行开验、复验或者提取货样，货物保管人应当到场作为见证人。

（3）检查方法

1）彻底检查：就是对货物逐件开箱（包）查验，对货物品种、规格、数量、重量、原产地货物状况等逐一与货物申报单详细核对。

2）抽样检查：就是按一定比例对货物有选择地开箱（包）检查，对集装箱抽查，必须卸货。卸货程度和开箱（包）比例，以能够确定货物的品名、规格、数量、重量等检查指令的要求为准。

3）外形检查：就是对货物的包装、标记、唛头等进行验核。外形检查只能适用于对大型机器、大宗原材料等不宜搬运、移动，但堆放整齐、比较直观的货物。

3. 进出口货物的放行

海关对进出口货物的报关，经过审核报关单据、查验实际货物，并依法办理了征收货物税费手续或减免税手续后，在有关单据上签盖放行章，货物的所有人或其代理人才能提取或装运货物。此时，海关对进出口货物的监管才算结束。

另外，进出口货物因各种原因需海关特殊处理的，可向海关申请担保放行。海关对担保的范围和方式均有明确的规定。

三、海关查验流程

1. 检查通知

报关员现场交单，海关审核无误后，安排货物检查时间，向报关员出具书面查验通知单。

2. 查验准备

报关员熟悉相关信息，备齐相关资料，如报关单、海关查验通知书、三联单、查验交接表、委托书等。

3. 海关正式查验

海关查验货物时，进口货物的收货人、出口货物的发货人或其授权报关员应当到场，并负责协助搬移货物、开拆和重封货物的包装。海关认为必要时，可以进行开验、复验或者提取货样。查验通过，进入下一步程序。若未通过，视严重程度，情节轻微的，企业改正后，海关重新安排查验；情节严重的，海关将上报稽查科，进行相关处理。

4. 提交关封

关封号填入相应表格中，提交海关商检部。

5. 签名确认

查验结束后，海关填写相关查验记录，并由陪同人员在查验记录单上签名、确认。

四、海关纳税

1. 海关纳税的概念

海关纳税是指海关在接受申报和查验货物完毕后，依据海关税则，向进出口商或其代理人签发税款缴纳证，进出口商或其代理人应在海关签发税款缴纳证的次日（节假日除外）起的 7 天内，向指定的银行缴纳税款。逾期不缴纳的，由海关自第 8 日起至缴清款日止，按日征收税款总额的 1‰的滞纳金。对超过 3 个月仍未缴纳税款的，海关责令担保人缴纳税款或者将货物变卖抵缴，必要时，可以通知银行在担保人或者纳税义务人存款内扣款。

2. 关税计算

（1）进口关税计算
进口关税的公式为

$$应纳税额＝应税货物进口数量 \times 进口货物关税完税价格 \times 适用税率$$

公式中的进口货物关税完税价格是进口关税的计税依据。税法规定，进口货物以海关审定的成交价格为基础的到岸价格作为完税价格。所谓到岸价格，包括货价加上货物运抵我国关境内输入地点起卸前的包装费、运费、保险费和其他劳务费等费用组成的一种价格。

（2）出口关税计算

出口关税的公式为

$$应纳税额＝应税货物出口数量出口货物关税完税价格 \times 适用税率$$
$$＝离岸价格／（1＋出口税率）$$

公式中的出口货物关税完税价格是出口关税的计税依据。税法规定，出口货物以海关审定的成交价格为基础的售予境外的离岸价格扣除出口关税后，作为完税价格。

五、担保放行

1. 担保旅行的概念

进出口货物的担保旅行是指担保人因进出口货物税款或某些证件不能及时备齐，而向海关申请先予放行时，以向海关交纳保证金或提交保证函的法定方式，向海关保证在一定期限内履行其在通关活动中承诺的义务的法律行为。其目的是确保海关监管货物的安全性，避免因纳税人无偿付能力或不履行义务而对海关造成的风险。

2. 担保放行的条件

根据《中华人民共和国海关关于进出口货物申请担保管理办法》的规定，海关对符合下列情况的进出口货物实行担保放行制度。

1）暂时进出口货物，包括来华拍摄或与我国国内单位合作拍摄电影片、照片、图片、幻灯片而运进我国的摄影器材、胶卷、胶片、录像带、车辆、服装、道具等；来华进行体育竞赛、文艺演出而运进的器材、道具、服装、车辆、动物等；来华进行工程施工，学术、技术交流、讲学而运进的各种设备、仪器、工具、教学用具、车辆等。

2）正向海关申请办理减免税手续，而货物已运抵口岸，亟待提取或发运，要求缓办进出口纳税手续的。

3）国家限制进出口货物，已经领取了进出口许可证，因故不能及时提供的。

4）进出口货物不能在报关时交验有关单证（如发票、合同、装箱清单等），而货物已运抵口岸，亟待提取或发运，要求海关先放行货物，后补交有关单证的。

5）经海关同意，将海关未放行的货物暂存放于海关监管区之外场所的。

6）因特殊情况，经海关总署批准的。

对下列情况，海关不接受担保。

1）进出口国家限制进出口的货物，未领到进出口货物许可证的。

2）进出口金银、濒危动植物、文物、中西药品、食品、体育及狩猎用枪支弹药和民用爆破器材、无线电器材、保密机等受国家有关规定管理的进出口货物，不能向海关交验有关主管部门批准文件或证明的。

3. 担保放行的形式

进出口货物担保的形式有两种：缴纳保证金和提交保证函。

1）保证金：由担保人向海关缴纳现金的一种担保形式。对要求减免的进口货物在未办结有关海关手续之前，担保人申请先期放行货物，应支付保证金，保证金的金额应相当于有关货物的税费之和。

2）保证函：由担保人按照海关的要求向海关提交的、订有明确权利和义务的一种担保文件。出具保证函的担保人必须是中国法人，可由缓税单位的开户行担保。

4. 担保程序

1）凡符合申请担保条件的货物，由申请担保人向办理有关货物进出口手续的海关申请担保，海关进行审核后，确定担保的形式。

2）以保证金形式申请担保的，由报关人向海关缴纳相当于有关货物的进口税费等额的保证金。海关收取保证金后，向报关人出具中华人民共和国海关保证金收据。

3）以保证函形式申请担保的，由担保人按照海关规定的格式填写保证函一式两份，并加盖担保人的公章，一份留海关备案，另一份由担保人留存。

5. 担保期限

在一般情况下，担保期不得超过 20 天，否则，由海关对有关进出口货物按规定进行处理。有特殊情况的，在担保期限内申请延长担保期限的，由海关审核，适当予以展期。暂时进口货物的担保期限，按照海关对暂时进口货物监管办法的有关规定执行，一般是在货物进口之日起 6 个月内。

本节知识要点检查与思考

1）海关报关工作有哪几个阶段？

2）进出口货物的检查有哪些步骤与方法？

3）海关查验进出口货物的流程是怎样的？

4）进出口关税是如何计算的？

5）进出口货物的担保放行有几种形式？哪些情况不得担保放行？

第三节　报检与报关业务流程

案例导入

了解进出口货物检查的方法之后，小王又问道："李经理，我还想知道进出口货物的报检与报关业务流程。"李经理回答："我一项一项地给你解释。先说说出境货物检验检疫的业务流程，其工作程序是'报检后，先检验检疫，后通关放行'……"

本节任务

用自己的语言以李经理的口吻向小王解释进出口货物的报检与报关业务流程。

一、报检业务流程

1. 电子报检的一般工作流程

（1）报验环节

1）对报验数据的审核采取"先机审、后人审"的程序进行。企业发送电子报检数据后，检验检疫总局电子审单中心按计算机系统数据规范性和有关要求，对数据进行自动审核，对不符合要求的，反馈错误信息；符合要求的，将报检信息传输给受理报检人员。该受理员进行再次审核，符合规定的，将成功受理的报检信息同时反馈报检单位和施检部门，并提示报检企业与相应的施检部门联系检验检疫事项。

2）出境货物电子报检后，报检员应按受理报检要求，在机构施检时交报检单和随附单据。

3）入境货物电子报检后，报检员按报检要求，在领取入境货物通关单时交报检单和附件。

4）电子报检人对已发送的报检申请需要更改或撤销报检时，应另外发送更改或撤销申请，检验检疫机构按有关规定办理。

（2）施检环节

报检企业接到"查验施检"信息后，按信息中的提示与施检部门联系检验检疫的具体事项，如检验检疫时间、内容、地点等。在现场检验检疫时，持打印报检单和随附单据提交施检人员审核。不符合要求的，施检人员将要求企业立即更改，并反馈信息给受理报检部门。

（3）计收费

计费由电子审单系统自动完成，接到施检部门转来的全套单据后，对照单据进行计算复核。报检单位一般按月缴纳检验检疫等有关费用，报检单位也可以逐票支付。

（4）签证放行

对于核准符合检验检疫要求的进出境货物，检验检疫机构按规定放行。与传统的报检程序相比，一般电子报检只需要2～3个工作日，而传统报检需要7～8个工作日，显而易见，电子报检大大提高了检验检疫工作效率，加快了通关速度。

2. 电子转单

（1）出境电子转单程序

1）产地检验检疫合格后，机构及时将相关信息传送到电子转单中心。传送内容包括报检信息、签证信息、其他相关信息。

2）产地检验检疫机构向出境检验检疫关系人以书面方式提供报检号、转单号和密码。

3）出境地检验检疫关系人凭报检号、转单号及密码，在出境口岸检验检疫机构申请出境货物通关单。

4）出境口岸检验检疫机构应出境关系人的申请，提取电子转单信息，签发出境货物通关单，将处理信息反馈给电子转单中心。

5）按《出境货物口岸查验规定》需要核查货证的，出境检验检疫关系人应配合出境口岸检验检疫机构完成核查工作。

（2）入境电子转单程序

1）对入境口岸办理通关手续、需要到目的地实施检验检疫的货物，口岸检验检疫机构通过网络将相关信息传送到电子转单中心。传送内容包括报检信息、签证信息和相关内容。

2）入境口岸检验检疫机构以书面方式向入境关系人提供报检号、转单号和密码。

3）目的地检验检疫机构应按时接收国家质检总局电子转单中心发出的相关电子信息，并反馈收到信息。

4）入境地检验检疫关系人凭报检号、转单号及密码，向目的地口岸检验检疫机构申请检验检疫。

5）目的地检验检疫机构根据电子转单信息，对入境检验检疫关系人未在规定期限内办理报检的，将有关信息通过国家质检总局电子转单中心反馈给口岸检验检疫机构，采取相关处理。

3．出境货物检验检疫流程

出境货物检验检疫工作程序：报检后，先检验检疫，后通关放行。第一个步骤是报检；第二个步骤是受理报检；第三个步骤是检验检疫部门对货物实施检验检疫；第四个步骤是检验检疫机构进行合格评定。出境货物检验检疫流程如图10-1所示。

对于合格的，有以下两种情形。

1）如果货物的产地和报关地是同一个地方，则开出出境货物通关单。

2）如果货物的产地和报关地不一致，则开出出境货物换证凭单或出境货物换证凭条，由报关地检验检疫机构换发出境货物通关单。

4．入境货物检验检疫流程

1）入境货物的检验检疫工作程序：申请报检→受理报检→办理通关→实施检验检疫→放行。入境货物检验检疫流程如图10-2所示。

① 法定检验检疫入境货物的货主或其代理人，首先向卸货口岸或到达站的出入境检验检疫机构申请报检。

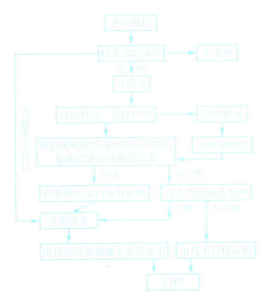

图10-1 出境货物检验检疫流程

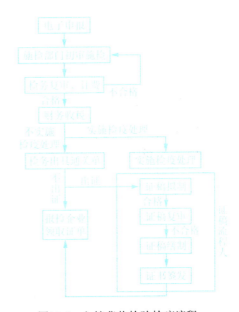

图10-2 入境货物检验检疫流程

②提供有关的资料。

③检验检疫机构受理报检，审核有关资料，符合要求后，受理报检并计收费用转施检部门签署意见，计收费。

④对来自疫区的、可能传播传染病或动植物疫情的入境货物交通工具或运输包装，实施必要的检疫、消毒、卫生除害处理后，签发入境货物通关单（入境废物、活动物等除外）供报检人办理海关的通关手续。

⑤货物通关后，入境货物的货主或其代理人需在检验检疫机构规定的时间和地点，到指定的检验检疫机构联系对货物实施检验检疫。

⑥经检验检疫合格的入境货物，签发入境货物检验检疫证明放行；经检验检疫不合格的货物，签发检验检疫处理通知书；需要索赔的，签发检验检疫证书。

2）对于入境的废物和活动物等特殊货物，按规定，要先进行部分或全部项目的检验检疫，合格以后才签发入境货物通关单。

3）最终目的地不在进境检验检疫管辖区内的货物，可以在货物通关后，调往目的检验检疫进行检验检疫。

二、报关业务流程

1. 报关程序概述

报关程序的具体内容如表10-1所示。

表10-1　报关程序的具体内容

货物类别	前期阶段（货物在进境前办理）	进出境阶段（货物在进出境时办理的4个环节）	后续阶段（进出关后需要办理才能结关的手续）
一般进出口货物	不需要办理	申报（海关审查）	不需要办理
保税进出口货物	备案、申请登记手册	配合检查（检查）	办理核销手续
特定减免税货物	特定减免税申请和申领免税证明		办理解除海关监管手续
暂准进出境货物	展览品备案申请	缴纳税费（征税）	办理销案手续
其他进出境货物	出料加工货物的备案	提取货物（放行）	办理销案手续

2. 自理报关

自理报关企业进行网上录入、申报、查询、打印报关单，以及网上查询海关回执等操作。

（1）自理报关单位录入业务流程

1）自理报关单位持"报关单录入"权操作员卡的操作员进入中国电子口岸"报关单录入"界面，可先下载该企业征免税证明、加工贸易手册或加工区备案清单，然后脱机录入报关单数据（数据暂存在本地数据库）。

2）录入并提交后，将录入的报关单数据信息上载到数据中心，进入自理报关审核申报业务流程。

（2）自理报关审核申报业务流程

自理报关单位持"报关单审核申报"权操作员卡的操作员进入中国电子口岸"报关单审核申报"界面，对报关单的逻辑性、填报的规范性进行审核，确保报关单可以向海关进行申报。若审核不通过，则需要将报关单下载到本地进行修改，修改后的报关单需重新上载到数据中心，并且需要重新进行审核。审核通过后，进入自理报关申报确认业务流程。

（3）自理报关申报确认业务流程

1）自理报关单位持"报关单申报确认"权操作员卡的企业管理人员进入中国电子口岸"报关单申报确认"界面，对报关单进行确认申报操作，经"申报确认"后的报关单通过公共数据中心传到海关内部网。如果申报确认时认为报关单的填制不符合逻辑，需要将报关单数据下载到本地进行修改，修改完毕之后需要将数据重新上载到数据中心，并且重新进行审核和申报确认。

2）自理报关单位打印出经海关审核通过的报关单，并携带其他单证到海关办理其他通关手续。

3．委托报关

（1）受理委托报关单位

受理委托报关的单位如下。

1）专门从事报关服务的企业，即专业报关企业。

2）对外贸易仓储、国际运输工具、国际运输工具服务及代理等业务，兼营报关服务业务的企业，即代理报关企业。

（2）报关手续

受理委托报关的单位代理办理的报关手续，包括报关单录入时的备案数据下载协议、报关单审核委托书、报关单申报委托书或报关单审核申报和申报确认委托书，并向海关出具委托单位的报关委托书。报关单录入申报子系统，提供进出口单位通过网上填写申报委托书或者备案数据下载协议，委托有权代理报关业务的单位代其办理某项报关业务，如报关单录入、报关单审核、报关单申报或报关单审核和申报。有权进行代理报关业务的单位可在网上接受并确认委托单位的报关委托申请，并在备案数据下载协议和报关委托书的授权范围内，代理委托单位网上办理相应的报关业务。在进行此项操作前，必须先按照网上报关委托业务的流程建立委托关系。

（3）代理报关单录入业务流程

1）代理报关单位持"报关单录入权"操作员卡的操作员进入中国电子口岸"报关单录入"界面，在备案数据下载协议的授权范围内下载本委托单位的征免税证明、加工贸易手册或加工区备案清单后，脱机录入报关单数据（数据暂存在本地数据库）。

2）录入并提交后，将录入的报关单数据信息上载到数据中心。

（4）代理报关审核申报业务流程

代理报关单位持"报关单审核申报"权操作员卡的操作员进入中国电子口岸"报关单审核申报"界面，对报关单的逻辑性、填报的规范性进行审核，确保报关单可以向海关进行申报。若需要修改，则需要将报关单下载到本地进行修改。修改后的报关单需重新上载到数据中心，并且需要重新进行审核。审核通过后，进入代理报关申报确认业务流程。

（5）代理报关申报确认业务流程

1）代理报关单位持"报关单申报确认"权操作员卡的企业管理人员进入中国电子口岸

"报关单申报确认"界面，对报关单进行确认申报操作，经"申报确认"后的报关单通过公共数据中心传到海关内部网。如果申报确认时认为报关单的填制不符合逻辑，需要将报关单数据下载到本地进行修改，修改完毕之后需要将数据重新上载到数据中心，并且重新进行审核和申报确认。

2）代理报关单位打印出经海关审核通过的报关单，并携带其他单证到海关办理其他通关手续。

4. 进口报关业务流程

（1）进口报关基本程序

进口报关是指收货人或其代理向海关申报进口手续和缴纳进口税的法律行为。海关根据报关人的申报，依法进行验关。海关经查验无误后，才能放行。进口报关的基本程序：接受申报→审核单证→查验货物→办理征税→结关放行。用换来的提货单一联、三联并附上报关单据前去报关。进口报关流程如图 10-3 所示。

（2）报关单据

进口报关单据：提货单一联、三联海关放行后，在白联上加盖放行章，发还给进口方作为提货的凭证；正本箱单、正本发票、合同、进口报关单一式两份、正本报关委托协议书、海关监管条件所涉及的各类证件（如通关单、进口许可证等）。

5. 出口报关业务流程

（1）出口报关基本程序

出口报关一般应经过以下 4 个环节，即申报→查验→征税→放行。出口报关流程如图 10-4 所示。

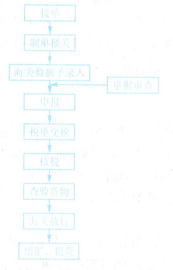

图10-3　进口报关流程

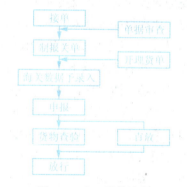

图10-4　出口报关流程

（2）报关单据

出口报关单据：报关单、委托书、发票、装箱单、三联单、核销单、出口货物报关单记明联单等。

本节知识要点检查与思考：

1）电子报检的一般工作流程是如何进行的？

2）简述出入境货物检验检疫的工作流程。

3）报关有几种形式？其工作流程是怎样的？

4）简述进出口报关业务流程。

第四节 转关运输与退关

案例导入

了解进出口货物的报检与报关业务流程之后，小王又问道："李经理，听说还有转关运输。这是怎么一回事？"李经理回答："想要了解转关运输，先要知道什么叫作转关。转关是指海关监管货物在海关监管下，从一个海关运至另一个海关办理某项海关手续的行为；转关运输是指……"

本节任务

用自己的语言以李经理的口吻向小王解释海关转关运输的概念及转关方式与流程。

一、转关运输与退关概述

1. 转关

转关是指海关监管货物在海关监管下，从一个海关运至另一个海关办理某项海关手续的行为。

2. 转关运输

转关运输（Tran-customs Transportation/Customs Transit）是指进出口海关监管货物需由进境地或启运地设立的海关转运至目的地或出境地海关，这种转运方式称为转关运输。经海关同意可采用不同的交通工具，承运接驳转关运输货物。

3. 转关运输分类

1）进口转关：货物从进境地入境运到指运地海关办理海关手续（进境地—指运地）。

2）出口转关：货物在启运地办理出口海关手续运往出境地，由出境地海关放行（启运地—出境地）。

3）境内转关：海关监管货物从境内一个设关地点运往境内另外一个设关地点（启运地—指运地）。

4. 退关

货运代理人代委托单位订妥舱位并可能已办妥通关手续或者货已集港，但在装运过程中因故中止装运叫作退关。

退关货物又称出口退关货物，是指出口货物向海关申报出口后被海关放行，因故未能装上运输工具，发货单位请求将货物退运出海关监管区域不再出口的行为。即使是出口退关，同样要走报关程序。出口退关货物的报关程序如下。

1）出口货物发货人及其代理人应当在得知货物未装上运输工具，并决定不再出口之日起 3 天内，向海关申请退关。

2）经海关核准且撤销出口申报后，方能将货物运出海关监管场所。

3）经缴纳出口税的退关货物，可以在缴纳税款之日起 1 年内提出书面申请，向海关申请退税。

4）出口货物的发货人及其代理人办理出口货物退关手续后，海关应对所有单证予以注销，并删除有关报关电子数据。

二、转关的形式

（1）提前报关转关

进口货物在指运地先申报再到进境地办理进口转关手续，出口货物在货物未运抵启运地监管场所前先申报，货物运抵监管场所后再办理出口转关手续。

（2）直转转关

进境货物在进境地海关办理转关手续，货物运抵指运地后，在指运地海关办理报关手续的进口转关和出境的货物在货物运抵启运地海关监管场所报关后，在出境地海关办理出口转关手续的出口转关。

（3）中转转关

在收发货人或其代理人向指运地或启运地海关办理进出口报关手续后，由境内承运人或其代理人统一向进境地或出境地海关办理进口或出口转关手续。具有全程提运单、须换装境内运输工具的进出口中转货物，适用中转方式转关运输。

三、转关办理条件与所需文件

进口货物经收货人或其代理人向进境地海关提出申请，并具备下列条件者，可核准办理转关运输。

1）指运地和启运地设有海关机构的。

2）运载转关运输货物的运输工具和装备，具备密封装置和加封条件的（超高、超长及无法封入运输装置的除外）。

3）承运转关运输货物的企业是经海关核准的运输企业。

4）不具备以上条件，但有特殊情况，经进出口货物收发货人申请、海关核准的，也可办理转关运输。

5）办理转关运输手续时，申请人应向海关如实申报，并递交下列单证。

① 进口转关应向进境地海关填报中华人民共和国海关进口转关运输货物申报单（以下简称"申报单"）一式三份（国际铁路联运货物为货车装载清单 3 份），并交验有关证件和货运单证。

② 出口转关应向启运地海关填报中华人民共和国海关出口转关运输货物申报单一式两

份和中华人民共和国海关出口货物报关单办理报关纳税手续，出境地海关在货物出口后按规定向启运地海关退寄回执。

6）办理限制。

不得申请转关的货物：①进口固体废物（除废纸外）；②进口易制毒化学品、监控化学品、消耗臭氧层物质；③进口汽车整车，包括成套散件和二类底盘；④国家检验检疫部门规定必须在口岸检验检疫的商品。

四、转关运输的期限

1. 直转方式转关的期限

直转方式转关的进口货物应当自运输工具申报进境之日起 14 天内，向进境地海关办理转关手续，在海关限定期限内运抵指运地之日起 14 天内，向指运地海关办理报关手续。逾期按规定征收滞报金。

2. 提前报关方式转关的期限

1）进口转关货物应在电子数据申报之日起 5 日内，向进境地海关办理转关手续。超过期限仍未到进境地海关办理转关手续的，指运地海关撤销提前报关的电子数据。

2）出口转关货物应于电子数据申报之日起 5 日内，运抵启运地海关监管场所，办理转关和验放等手续。超过期限的，启运地海关撤销提前报关的电子数据。

五、转关运输的通关流程

1. 进口转关

1）进口货物的收货人或其代理人应自运输工具申报进境之日起 14 日内，向进境地海关申报转关运输。

2）申报货物转关运输时，进口货物的收货人或代理人应填制"申报单"，并交数据录入中心录入海关计算机报关自动化系统，打印成正式的"申报单"一式三份。

3）进口货物收货人或其代理人应如实向海关申报，并递交"申报单"、指运地海关签发的进口转关运输货物联系单，随附有关批准证件和货运、商业单证（如货物的提单或运单、发票、装箱单等）。

4）进口货物收货人或代理人申请办理属于申领进口许可证的转关运输货物，应事先向指运地海关交验进口许可证，经审核后由指运地海关核发进口转关运输货物联系单，并封交申请人带交进境地海关。

5）进境地海关在接受进口货物收货人或代理人申报递交的有关单证后，要进行核对，核准后，要将上述有关单证制作关封，交进口货物的收货人或其代理人。

6）进口货物的收货人或其代理人要按海关指定的路线，负责将进口货物在规定的时限内运到指运地海关，向指运地海关交验进境地海关签发的关封，并应在货物运至指运地海关之日起 14 日内，向指运地海关办理报关、纳税手续。

7）指运地海关在办理了转关运输货物的进口手续后，按规定向进境地海关退寄回执，以示进口转关运输货物监管工作的完结。

8）来往港澳进境车辆装载的转关运输货物，由车辆驾驶人员向进境地海关交验载货清单一式三份，并随附有关货运、商业单证，进境地海关审核后制作关封交申请人带交出境地海关，由出境地海关负责办理该车辆及所载货物的监管手续。

9）保税仓库之间的货物转关手续，除应按办理正常的货物进出保税仓库的手续外，亦按上述1）、7）的程序办理手续。但在填报"申报单"时，在"指运地"一栏应填写货物将要存入的保税仓库名称。

2. 出口转关

出口转关与进口转关基本上相同，只是需办理出口转关运输的货物在向启运地海关办理出口报关手续时，要加填中华人民共和国海关出口转关运输货物申报单一式二份。

本节知识要点检查与思考

1）什么是转关？转关运输是怎样分类的？

2）什么是退关？退关货物的报关程序如何？

3）转关有几种形式？转关需要何种文件？

4）简述转关运输通关流程。

第十一章 >>>>>>>

国际货运事故处理

本章学习任务

1）了解国际货运事故的种类及原因。

2）掌握国际货运事故责任的划分方式。

3）了解国际货运事故处理的方法和流程。

4）掌握国际货运代理的风险与防范措施。

第一节　国际货运事故种类与货运记录

案例导入

经过近一个月的实习，小王基本上了解了国际货运代理业务的基本知识和工作流程，业务部李经理关切地问："小王，近来实习情况怎样？"小王回答："非常感谢您的帮助，现在我基本上了解了国际货运代理的基本知识和工作流程，工作基本上还算顺利，但我还想知道，一旦出现货运事故，该如何处理。"李经理道："国际货运事故和原因是多种多样的……"

本节任务

用自己的语言以李经理的口吻向小王解释国际货运事故种类及原因。

一、货运事故种类及原因

国际货运事故种类及原因如表 11-1 所示。

表11-1　货运事故种类和原因

事故种类			主要原因
货差			标志不清、误装、误卸、理货错误等
货损	全部损失		船只沉没、搁浅、触礁、碰撞、火灾、爆炸、失踪、偷窃、政府行为、海盗、战争、拘留、货物被扣等
	部分损失	灭失	偷窃、抛海、遗失、落海等
		内容短缺	包装不良或破损、偷窃、泄露、蒸发等
		淡水水湿	雨雪中装卸货物、消防救火过程中的水湿、舱内管系泄露等
		海水水湿	海上风浪、船体破损、压载舱漏水、集装箱漏水等
		汗湿	通风不良、衬垫不当、隔离不当、积载不当等
		污染	不适当的混载、衬垫、隔离不充分等
		虫蛀、鼠咬	驱虫、灭鼠不充分，舱内清扫、消毒不充分等，对货物检查不严以致虫、鼠被带入舱内等
		锈蚀	潮湿、海水溅湿、不适当的混载等
		腐烂、变质	易腐货物未按要求积载的位置装载、未按要求控制舱内温度、湿度过高、换气通风不充分、冷藏装置故障等
		混票	标志不清、隔离不充分、积载不当等
		焦损	自燃、火灾、漏电等
		烧损	温度过高、换气通风过度、货物本身的性质等

1. 货损

货损是指由于责任人原因导致货物的损坏、灭失；在装卸、运输、保管过程中，由于操作不当、保管不善而引起的货物破损、受潮、变质、污染等。

2. 货差

货差是指由于错转、错交、错装、错卸、漏装、漏卸，以及货运手续办理错误等原因而造成的有单无货或有货无单等单货不符、件数或重量溢短的差错。

3．原因

造成货运事故的因素很多，大体可分为主观因素和客观因素两大类。

（1）主观因素

1）管理上没有形成完善的货物运输安全保障体系，规章制度不健全，职责不清，管理不严。

2）职工业务素质低，规章不熟悉，责任心不强，违章作业。

3）设备维修养护不善（如仓库漏雨，篷布及装卸机具维修、保养质量不良等）。

（2）客观因素

1）不可抗力的自然灾害（如洪水、地震、海啸、特大风暴等）。

2）科技知识水平和认识上的局限。

3）货运设备不足（如冷藏车、棚车不足，以敞车代用，影响怕湿、易腐货物运输质量；雨棚、仓库不够，怕湿货物露天堆放等）。

4）托运人、收货人、押运人的责任（如匿报、错报货物品名，少报重量，包装不良，押运人措施不当，运单填记错误等）。

5）路内外盗窃、诈骗分子蓄意犯罪。

6）货物本身性质所造成（如货物自然减量、自燃、放射性物品衰变等）。

二、货运记录种类

1．普通记录

1）货物托运人自理装船并按舱封或装载现状与承运人进行交接的货物，以及其他封舱（箱）运输的货物，发生非属承运人责任的货物灭失、短少、变质、污染、损坏和内容不符。

2）托运人随附在货物运单上的单证丢失。

3）托运人派人押运的货物和押运货物发生非属承运人责任所造成的损失。

4）承运人提供的船舶水尺计量数。

5）货物包装经过加固整理。

6）收货人、作业委托人要求证明与货物数量、质量无关的其他情况。

2．货运事故记录

（1）及时编制货运事故记录

货物在运输和作业过程中，发生溢余、灭失、短少、变质、污染、损坏等事故，涉及承运人与托运人、收货人、港口经营人、作业委托人、承运人与港口经营人之间责任的，应及时编制货运事故记录。

（2）编制货运事故记录的注意事项

1）必须在交接或交付货物的当时编制货运事故记录，任何一方不得拒编，也不得事后补编（货运事故记录反映事故当时的真实情况）。

2）货运事故记录的各栏必须填写清楚，如有更改，应由交接双方经办人员在更改处盖章。

3）不得判定责任（真实记录，不做结论）。

4）一张运单中有数种品名时，应分别写明情况。

5）内容必须填写真实，不能用揣测、笼统词句，事故情况要记录仔细、准确、具体。

6）事故报告内容有基本情况、货物灭失或损失的原因、运输工具状况、关封状况及其他情况。如有必要，需加入照片、证人证词、检验报告。

三、事故责任划分

就造成货运事故的责任人而言，可以分为承运人责任事故、托运人责任事故、第三者责任事故和不可抗力造成的事故。

1. 承运人的责任

货物在承运人监管过程中所发生的货损、货差事故，除由于托运人的原因和不可抗力的原因外，原则上都由承运人承担负责。承运人的责任期间是指承运人对货物应负责任的期间。在这段时间内，由于他不能免责的原因使货物受到灭失或者损坏，应当负赔偿责任。

（1）海运承运人的责任

根据有关法规和提单上通常记载的免责条款，承运人只对以下原因造成的货损事故承担赔偿责任：①船舶不适航造成的损害；②对货物的故意或过失所造成的损害。

（2）空运承运人的责任

在航空运输中，根据我国《中华人民共和国民用航空法》第一百二十五条规定，航空运输期间是指在机场内、民用航空器上或者机场外降落的任何地点，托运行李、货物处于承运人掌管之下的全部期间，但不包括航空站以外的任何陆路运输、海陆运输、内河运输过程。

2. 托运人的责任

不论哪种方式的货物运输，托运人根据运输合同将货物交付承运人之前所发生的一切货损、货差，均由托运人负责。但货物处于承运人监管之下，托运人也不能百分之百地免除对货损发生的责任，如货损是由于货物的质量、包装等原因造成的，托运人应该负责。

3. 第三者的责任

第三方责任人一般是港口装卸企业、陆路及水路运输企业、第三方船舶及仓储业务等，有时甚至是集装箱空箱提供商的责任。为了确定货损事故的责任方，重要的一点是首先要明确货损发生的阶段。

4. 承运人的免责与责任限制

在各种运输方式和多式联运下，都规定有承运人的法定免责事项。这些事项是法定的，承运人可以通过合同减少或放弃，但不能增加。在承运人的免责条款中，一条重要的条款就是不可抗力造成的事故免责条款。

不可抗力又称人力不可抗拒，是指在货物买卖合同签订以后，不是由于订约者任何一方当事人的过失或疏忽，而是由于发生了当事人既不能预见，又无法事先采取预防措施的意外事故，以致不能履行或不能如期履行合同，遭受意外事故的一方可以免除履行合同的责任或延期履行合同。不可抗力的事故范围较广，通常可分为两种情况：一种是由于"自然力量"引起的，如水灾、火灾、冰灾、暴风雨、大雪、地震等；另一种是由于"社会力量"引起的，如战争、罢工、政府禁令等。

本节知识要点检查与思考

1）货运事故是如何分类的？其主要原因是什么？

2）货运记录的种类是如何划分的？

3）货运事故的责任是如何划分的？

4）什么是不可抗力条款？货物在不可抗力条款下发生货差或货损，承运人需要承担赔偿责任吗？

第二节　国际货运事故处理概述

案例导入

　　了解国际货运事故种类及原因之后，小王又问道："李经理，如果出现了国际海洋货运事故，如何确定事故的责任呢？又如何处理呢？"李经理回答："首先要进行事故调查，以确定事故的责任主体，然后……"

本节任务

　　用自己的语言以李经理的口吻向小王解释国际海洋货运事故处理的程序。

一、国际海洋货运事故的确定

1. 责任依据

通常货运单证的批注是区分或确定货运事故责任方的原始依据。特别是在装货或卸货时，单证上的批注除确定承运人对货物负责的程度外，有时还直接影响到货主的利益，如能否持提单结汇、能否提出索赔等。

2. 责任确定

货运事故发生后，收货人与承运人之间未能通过协商对事故的性质和程度取得一致意见时，则应在一致同意的基础上，指定检验人对所有应检验的项目进行检验。检验人签发的检验报告是确定货损责任的依据。

二、国际海洋货运事故处理的一般程序

1. 货运事故调查

（1）单据调查

调查货运各个环节上的有关文字记载、交接清单、配积载图，以及有关货运方面的票据、单证和"发货人声明"栏批注。

（2）运输过程调查

查询货物从国内港到中转港再到国外港，从目的港到启运港运输过程的情况。

（3）调查手段

在判定事故原因和损失程度方面，还可借助于技术手段进行化验测定、试验等。

2. 认真审核证明文件

（1）文件审核

收货人向承运人等责任人提出货运事故索赔书及相关证明文件。

（2）内容审核

承运人主要审核赔偿要求时效、赔偿要求人的要求权利、应附的单证。

（3）立案处理

经审查，赔偿要求在法定时效之内，赔偿要求人有权提出要求，而且所附单证完备，应予受理。并开始接受赔偿的索赔收据，进行立案处理，受理的条件应在赔偿要求登记簿内编写登记。

3. 确定赔偿金额

（1）确定损失金额

货运事故的赔偿金额，原则上按实际损失金额确定。货物灭失时，按灭失货物的价值赔偿；货物损坏时，按损坏所降低的价值或为修复损坏所需的修理费进行赔偿。

（2）保险补偿

凡已向保险公司投保的货物发生责任事故，承运人应负责限额内的赔偿，其余由保险公司按承保范围给予经济补偿。

三、国际海洋货运事故的索赔与理赔

1. 索赔与理赔的含义

（1）索赔

索赔即货主对因货运事故造成的损失，向承运人或船东或其代理人提出赔偿要求的行为。根据法律规定或习惯做法，货主应按照一定的程序提出索赔，并提出能证明事故的原因、责任和损失的单证。

（2）理赔

理赔即索赔的受理与审核，也就是说承运人或其代理人受理索赔案件后，即须对这一索赔进行审核。通过举证与反举证，明确责任，确定损失金额的标准。如果在赔偿上未能达成一致意见，则根据法院判决或决议支付索赔金。

2. 索赔的一般程序

（1）发出索赔通知

索赔人向承运人或代理人发出索赔通知的时限，《海商法》规定在货物交付的次日起连续 7 日内，集装箱货物交付的次日起连续 15 日内。索赔方在提出书面索赔通知后，应尽快地备妥各种有关证明文件，在期限内向责任人或其代理人正式提出索赔要求。

（2）提交索赔申请书或索赔清单

索赔申请书或索赔清单（Statement of Claims）是索赔人向承运人正式要求赔偿的书面文件。如果索赔方仅仅提出货损通知而没有递交索赔申请书或索赔清单，或出具有关的货运单证，则可解释为没有提出正式索赔要求，承运人不会受理货损索赔。

（3）举证

索赔方必须对以下6项事实加以证明。

1）索赔方是该货物的所有人或是有权提出这一索赔的人。

2）侵权行为（不法行为）。

3）灭失或损害的实际货币价值，用以证明索赔人提出的索赔金额是否合理。

4）灭失或损害发生在责任人的掌管期间。

5）损害或灭失的具体范围，即货物损害或灭失的事实及损害、灭失的程度、状况、具体事项。

6）索赔的对象应当是对货损负有责任的人，而且必须负有实际赔偿责任。

（4）举证索赔单证

可作为索赔举证的单证、证书、商业票据或记录主要有：①索赔申请书或索赔清单；②证明索赔人是正当的索赔人的单证；③证明索赔的对方负有赔偿责任的单证；④证明索赔人提出的索赔金额是合理的单证。

3. 进口索赔

1）进口索赔产生的原因：①卖方原因（如货物质量、数量短缺，包装不合格，迟交货物等）；②承运人原因；③保险公司的责任（承保责任范围内）；④托运人的责任造成的损失（如货物交付承运人之前所发生的一切货损、货差等);⑤第三方责任（如货物装卸、仓储、集装箱空箱质量等）。

2）进口索赔应注意的问题：①索赔证据要充足；②准确判定货损原因及索赔对象；③确定索赔金额；④妥善保管证据；⑤防止国外发货人推卸理赔；⑥应在索赔期限内进行索赔。

3）关于进口索赔国内外有关部门的责任：①外贸经营单位责任；②交通运输单位责任；③收用货单位责任；④主管部门责任；⑤商检等机构责任。

4. 出口索赔

1）出口索赔产生的原因：①买方原因（如迟开信用证、提货人自己造成的损坏等）；②承运人原因；③保险公司的责任；④托运人的责任造成的损失；⑤第三方责任。

2）出口索赔应注意的问题：①索赔证据要充足；②准确判定货损原因及索赔对象；③确定索赔金额；④妥善保管证据；⑤防止国外收货人推卸理赔；⑥应在索赔期限内进行索赔。

3）关于出口索赔国内外有关部门的责任：①外贸经营单位责任；②货物生产或供货商责任；③交通运输单位责任；④收用货单位责任；⑤主管部门责任；⑥商检等机构责任。

5. 在货损货差处理上的责任

1）货运代理人应按委托人的指示处理货物损坏事故。

2）在日常业务操作中应注意以下问题：①做好箱体交接记录；②检查铅封；③拆箱验货；④冷藏箱；⑤交接记录。

3）货运代理人替客户安排运输保险:①核实灭损程度;②裁定是否要停运，并通知货主;③征得货主同意安排检验;④提出索赔函和索赔清单;⑤提供短损报告、损害估价、检验报告;⑥提供有关票据；⑦提供必要的往来函电。

6. 保险索赔操作流程

保险索赔操作流程：①损失通知；②报损时间；③保险人接到损害通知后采取的措施；④立即向第三者责任方提出索赔；⑤申请检验；⑥采取合理的施救措施；⑦提交索赔的必要单证；⑧及时理赔给付赔款；⑨保险索赔单证有保险单或保险凭证正本，运输契约，发票，装箱单、磅码单，向承运人等第三者责任方请求赔偿的函电或其他单证和文件，检验报告，海事报告摘录或海事申请书，货损、货差证明，索赔清单，保险其他相关单证。

四、国际公路运输事故的处理

1. 货损事故记录的编制

1）事故发生后，由发现事故的运送站或就近站前往现场编制商务记录。
2）如发现货物被盗，应尽可能保持现场。
3）对于在运输途中发生的货运事故，由车站编制一式三份的商务事故记录。
4）如货损事故发生于货物到达站，则应根据当时情况，会同司机、业务人员、装卸人员编制商务记录。

2. 货损事故的赔偿

1）向货物的发站或到站提出赔偿申请书。
2）提出赔偿申请的人必须持有有关票据，如行李票、运单、货票、提货联等。
3）在得到责任方给予赔偿的签章后，赔偿申请人还应填写赔偿要求书，连同有关货物的价格票证，如发票、保单、货物清单等，送交责任方。

五、国际铁路运输事故的处理

1. 编制记录

货物在运输过程中（包括承运前保管和交付完毕后点回保管），发生需要证明铁路同托运人或收货人间责任的情况都应在当日按批编制记录。

1）发生货损、货差、有货无票、有票无货、误运到站或误交付，以及未能在规定时间内交付等情况而需要证明责任的，应编制货运记录。
2）整车货物运输途中需要换装或整理，而货物本身未发生损失及其他情况，需要证明责任的，应编制普通记录。
3）按件数和质量承运的货物，包装完好。件数相符而重量不足或多出时，不编货运记录，只在货物运单内注明。

2. 事故检查或鉴定

货物发生损坏或部分灭失，不能判明发生原因和损坏程度时，承运人应在交付前主动联系收货人进行检查或邀请鉴定人进行鉴定，鉴定时按每一货运记录分别编制鉴定书。因鉴定所支出的费用应在鉴定书内记明，事后由事故责任人负责。

3. 违法或危及运输安全事故的处理

货运过程中，发现违反政府法令或危及运输安全的情况，承运人应分别按下列规定处理。

1）货物品名与运单记载不符时，若属危险货物以其他品名托运的，应即报告当地政府的主管铁路分局，按其指示处理。

2）货物重量超过使用的货车容许载重量的，应进行换装或将部分卸下，对卸下的货物，处理站应编制货运记录，凭记录将货物补送到站；到站应按规定核收运输费用和违约金。但对卸下的不易计件的货物，按零担运输有困难时，应电告发站转告托运人提出处理办法。如从发站发出通知之日起 10 日内未接到答复，就按无法交货物处理。

3）发现装载的货物有坠落、倒塌危险或货物偏重、窜出、渗漏，危及运输安全时，除通知有关单位外，应即进行整理和换装。属于托运人责任的，换装、整理或修补包装的费用，由处理站填发垫款通知书，随同运输票据递送到站，向收货人核收。

4）凡承运人无法处理的情况，应即通知托运人或收货人处理。

4. 其他事故的处理

1）货物运到期限满后经过 15 日或鲜活货物超过运到期限仍不能在到站交付货物时，车站应于当日编制货运记录交收货人，赔偿前若货物运到，车站应及时向收货人办理交付并收回货运记录。

2）因承运人责任将货物误运到站或误交付，承运人应编制货运记录将货物运到正当站交给收货人。

六、国际航空运输事故的处理

1. 索赔

（1）索赔地点
始发站、目的站或损失事故发生的中间站均可作为索赔地点。

（2）索赔时限
1）货物损坏或短缺：最迟收到货物之日起 14 天内。
2）货物运输延误的赔偿：货由收货人支配起 21 天内。
3）货物毁灭或遗失：自填开运单之日起 120 天内。

（3）索赔的手续
上述规定时限内索赔人应开具索赔清单。

2. 理赔

（1）理赔的最高限额
1）以不超过声明价值为限。
2）没有办理声明价值，按实际损失的价值进行赔偿，最高赔偿限额为 20 美元／千克。
3）对已使用航段的运费不退还，但对未使用航段的运费应退还索赔人。

（2）理赔程序
理赔程序：①货物运输事故签证；②提出索赔申请书；③航空公司审核所有的资料和文件；④填写航空货物索赔单；⑤货物索赔审批单；⑥责任解除协议书；⑦诉讼地点及时限——诉讼应在航空器到达目的地之日起或应该到达之日起，或运输停止之日起两年内提出，否则便丧失追诉权。

七、国际多式联运事故的处理

1. 多式联运中的主要事故种类

国际多式联运中的主要事故有货物破损、水渍损、汗渍损、污损、盗损，气温变化引起的腐烂变质、冻结或解冻损及其他原因引起的货物全损和灭失。

2. 多式联运中货损事故处理的主要特点

（1）索赔与理赔的多重性

多式联运经营人根据合同对受损人承担责任后，向保险人索赔，保险人理赔后，再根据分运合同向责任人索赔。

（2）所采用的责任形式对货损事故的影响

1）统一责任形式：多式联运经营人对全程负责，各区段实际承运人对自己的区段负责。多式联运经营人根据实际发生区段按统一限额进行赔付，但是区段不同，赔付及免责的标准也不同，往往造成多式联运经营人亏本，因为有的区段有免责条款。

2）网状责任形式：多式联运经营人对全程负责，各区段实际承运人对自己的区段负责。多式联运经营人根据实际发生区段按本行业的国际公约或当地法律进行赔付，但是行业的国际公约或当地法律不同，赔付及免责的标准也不同，往往造成发货人的理赔有困难。

（3）对隐藏损害的处理

隐藏损害是指不能确定货物的灭失或损害发生在哪个环节或区段。

1）联运经营人按统一责任制规定的限额对托运方赔偿后，不再追究实际责任人，而由参加多式联运的所有实际承运人共同承担这些赔偿数额。

2）假定该事故发生在海运阶段，这种做法一般要与联运经营人投保运输责任险相结合。多式联运经营人按统一责任标准或网状标准向托运方赔偿后，可从保险人处得到进一步的赔偿，而保险人能否得到进一步的赔偿，则是另外的事情。

3. 多式联运中的索赔

1）根据货损原因确定索赔对象：如货物质量、品种、规格与合同不符，向发货人索赔；在目的地交付时，发现货物数量少于提单上列明的数量时，向承运人索赔等。

2）索赔应具有的条件：①提出索赔的人要具有正当的提赔权；②责任方必须具有实际赔偿责任；③索赔应具有相关单证。

3）索赔的金额必须合理。如果在合同中规定了违约金比率，则按此比率执行；若未规定运费则依据货值大小。按货值的 20%～30% 进行索赔，以弥补受损方的损失。

4）索赔与诉讼必须在规定的时限内提出。索赔应在交货后下一日算起的 6 个月内提出，诉讼应在两年内提出。

5）诉讼与仲裁应在规定地点提出（管辖），可以提出诉讼与仲裁的地方：被告的重要营业场所或经常居住地，订立多式联运合同的地点，货物接管地点或者货物交付地点，以及其他双方在合同中约定的地点。

4. 多式联运中的理赔

（1）单一标准理赔

单一标准理赔，即只对每一件或每一货运单位负责，而不对毛重每千克货物负责。《海牙规则》采用的是单一标准的赔偿方法。

各单一运输公约的规定不一，但大致可分为严格责任制和过失责任制两种。严格责任制是指排除了不可抗力等有限的免责事由外，不论有无过失，承运人对于货物的灭失或损坏均负责赔偿。国际铁路货运公约、公路货运公约等都采用了该种责任制。过失责任制是指当承运人和其受雇人在有过失时负赔偿责任。

（2）双重标准理赔

双重标准理赔就是既对每一件或每一货运单位负责，又对毛重每千克货物负责。同时，对集装箱、托盘或类似的成组工具在集装或成组时的赔偿也作了规定。1978 年制定的《联合国海上货物运输公约》（以下简称《汉堡规则》）也采用了这种赔偿方法。

国际多式联运公约仿照了《汉堡规则》的规定，也将这种双重赔偿标准列入了公约中。不同的是，多式联运公约不仅规定了双重标准的赔偿方法，同时也规定了单一标准的赔偿方法。

（3）无协议情况下的多式联运经营人的赔偿标准

多式联运公约按国际惯例规定多式联运经营人和托运人之间可订立协议，制定高于公约规定的经营人的赔偿限额。但在没有这种协议的情况下，多式联运经营人按下列赔偿标准赔偿。

1）如在国际多式联运中包括了海上或内河运输，也就是在构成海陆、海空等运输方式时，多式联运经营人对每一件或每一货运单位的赔偿按 920 个特别提款权（Special Drawing Right，SDR），或毛重每千克 2.75 个特别提款权，两者以较高者为准。

2）如在国际多式联运中根据合同不包括海上或内河运输，即构成陆空、铁公等运输方式时，多式联运经营人的赔偿责任限制，按毛重每千克 8.33 个特别提款权。

5. 货物灭失或损坏的书面通知

（1）通知有效的基本条件

1）通知必须是书面的。

2）通知必须在有效时限内递交，时限是从收货后的次日算起，如果最后一天是星期日或法定假日，顺延到下一工作日。

3）通知必须递交给承运人或代理人。

4）通知必须表明有关货物损失或灭失情况。

（2）无须递交书面通知的情况

货物交付时，已经会同承运人联合检查，或者记载在双方交接货物的文件上。

本节知识要点检查与思考

1）简述国际海洋货运事故处理的一般流程。

2）国际海洋货运事故发生时，如何进行索赔与理赔？

3）如何处理国际公路运输事故？

4）如何处理国际铁路运输事故？

5）如何处理国际航空运输事故？

第三节　国际货运代理风险及防范

案例导入

李经理解释了国际海洋货运事故处理的程序之后，又道："小王，我给你说一件上次处理过的海上货运事故。一次，收货人提货后，开箱对集装箱内的货物进行了检查，发现从美国进口的 4 个集装箱中有一个箱内的印刷纸部分受潮。由于 CIF 项下出具的是清洁提单，于是向保险公司提出索赔，但遭保险公司拒赔。你说说为什么。"小王回答："是由于出口商的责任吗？"李经理说："有清洁提单，出口商不承担责任。"小王道："让我想想……"

本节任务

替小王分析该事故出现的原因及事故的处理方法。

一、国际货运代理行业面临的风险

1. 垫付运费的回收没有保障

由于货代业的激烈竞争，货代公司迫于保住客户的压力，一般不再要求货主付款赎单，而是采用风险较大的月结或者季结方式。在这种操作模式下，货物装船出运后，货代公司须先向船运公司或者订舱的其他货代公司付款赎取正本提单后，直接交付给货主。在货主取得正本提单的情况下，货代公司就失去了追索运费的控制权和主动权。如果货主拒绝支付运费，货代公司通常只能选择通过法律途径解决。客观地说，在货主为买方市场的情况下，货代公司的这种运费结算方式所带来的风险无法控制。货代公司只能从与货主委托合同的签署、及时进行运费确认等业务环节加大控制力度，避免发生因缺乏相关合同等证据而输了官司的情况发生。此外，如果是陌生货主委托业务，货代公司务必坚持付款赎单的原则，避免在交付正本提单的情况下无法顺利回收运费。

2. 无故承担承运人的责任

货代公司就是一个货运服务中介，是联系货主与船运公司的纽带和桥梁。很多货主认为，只要货代公司接受了其订舱，那么此后任何环节发生的任何问题，货代公司都要负责。于是，货代公司赔偿陆运拖车中的货物损失、赔偿货物在目的港迟延交付的损失、赔偿在海运过程中货物损毁的损失等，这些情况也常有出现。发生上述货代公司代人受过的原因，一方面，货主对于货运代理业存在一定的认识误区；另一方面，货主利用其优势地位强迫货代公司签署"城下之盟"，货代公司为了保住客户资源而委曲求全。但是货代公司不是船运公司，其既无权决定货物能否赶上预定船期，也无权决定货物何时到达目的港，因此，千万不要因承揽业务的需要而向货主许下超出自己能力范围之外的承诺，否则一旦发生迟延交付或者货物损毁事件，货代公司就要承担赔偿责任。

3. 签发国外非法提单，承担连带责任

有一些国外的货代公司在国内没有办事机构，他们通常在支付一定代理费的情况下，委托国内货代公司代他们操作指定货，并代为签发国外货代提单。这些在国内没有办事机构的国外货代公司的提单，在中国交通部没有缴纳相应保证金和备案的情况下，一般都被称为非法提单。在货代公司签发国外非法提单的情况下，一旦发生目的港无单放货或者其他涉及提单的海运欺诈事件，货代公司就要根据《中华人民共和国国际海运条例》的相关规定承担连带赔偿责任。因此，作为国际货运代理人一定要考察提单的合法性，考察国外货代公司的资信状况，以免为了蝇头小利的代理费而成为他人欺诈的工具和替罪羊。

二、国际货运代理风险的防范

1. 预防性措施

采取一些预防性措施，可以有效降低风险。例如，加强对人员的培训，使他们熟悉有关国际货运代理的标准交易条件、接单条款及相关行业术语等，并能处理索赔和进行迅速有效的追偿；在使用单证时，确保使用正确、规范、字迹清楚的单证；保证在国际货运代理协会标准交易条件下，其经营能够被客户及其分包人所理解和接受；雇佣的分包人、船舶所有人、仓库保管人、公路运输经营人等应为胜任职务和可靠的，国际货运代理应通知他们投保足够的和全部的责任保险；如果经营仓储业、汽车运输业，还应做好防止偷窃、失火等安全工作。

2. 挽救性措施

挽救性措施：拒绝索赔并通知客户向货物保险人索赔；在协定期限内通知分包人或对他们采取行动；在征得保险人同意后，只要有可能的情况下，与货主谈判，友好地进行和解；及时向保险人通知对国际货运代理的索赔或可能产生索赔的任何事故。如果有可能造成经济损失，应及时将每一事故、事件以书面形式通知保险公司，即使当时尚未发生索赔。

3. 风险转移

投保货运代理责任险是转移经营风险较为行之有效的方法，通过这种方式可以转化一些无法预料和无法规避的经营风险，减少重大或突发事件给国际货运代理企业带来的冲击和影响。《实施细则》规定，货运代理企业在从事国际多式联运业务时要参加保险，这说明国家对货运代理企业投保责任险的重视。

【案例】我国某企业与外商按国际市场通用规格订约进口某化工原料。订购后不久，市价明显上涨。交货期届满前，该商所属生产该化工原料的工厂失火被毁，该商以该厂火灾属不可抗力为由要求解除其交货义务。对此，我方应如何处理？为什么？

案例分析：

根据不可抗力的处理，如果不可抗力致使不能实现合同目的，即合同履行成为不可能，则可解除合同。

就案例中的情况，因为合同中没有限定原产地，因此，在失火导致该厂无法正常交货的情况下，卖方完全可能从其他企业或其他地区，甚至从其他国家购入该合同货物予以交货。该不可抗力不会导致合同无法执行。

【案例】某出口商以 CIF 条件出口货物一批，合同规定装运期为 10～11 月。10 月 20 日，出口国政府公布一项条例，规定从 11 月 1 日起，除非有特别许可证，否则禁止该货物出口。

卖方未能装运货物，于是买方请求赔偿损失。在此案中，卖方是否可以免除其交货义务？为什么？

案例分析：

卖方可以免除其交货义务，此案例属于社会因素的不可抗力。只要在装运期内发生的不可抗力，如果没有特别许可证，卖方在装运期内无法实现交货，因此可免除卖方的交货义务。

本节知识要点检查与思考

1）目前，国际货运代理行业面临着哪些风险？

2）防范国际货运代理风险应该采取哪些措施？

3）什么情况下会出现非法提单？如何防范？

4）案例分析题：我国进出口公司A从伞厂B取得报价单后，转向意大利客户C报价。A与C成交后，合同规定7月底以前交货。C按时开来信用证，不料在7月初伞厂B仓库失火，成品、半成品及原料均烧毁，以致无法交货。请问：公司A能否以不可抗力为由要求免交货物？

参 考 文 献

杜清萍. 2011. 国际货运代理实训. 北京：科学出版社.

罗凤翔，杜清萍. 2008. 国际商务英语实训教程. 北京：中国商务出版社.

孙家庆. 2009. 国际物流操作风险防范：技巧·案例分析. 北京：中国海关出版社.

孙明贺. 2007. 国际货运代理实务. 北京：科学出版社.

余世明. 2008. 国际贸易实务. 广州：暨南大学出版社.

张艰伟，戴华. 2009. 国际货运代理实务. 上海：华东师范大学出版社.

张颖，韩丽. 2007. 货运代理. 北京：高等教育出版社.

中国国际货运代理协会. 2010. 国际货物运输代理概论. 北京：中国商务出版社.

钟书能. 2009. 国际商务英语模拟实训教程. 北京：对外经济贸易大学出版社.

http://class.wtojob.com/class95_30965_2.shtml.

http://jpkc.ywu.cn/2008/huodai/show.asp?id=92.

http://wenku.baidu.com/view/948c37136edb6f1aff001fba.html.

http://www.wangxiao.cn/hd/fudao/6666867996.html.

附　录

附录一　世界主要港口

世界主要海运港口，按国家字母排列。

港口所在国家名称	港口英文名称	港口中文名称
A		
阿尔巴尼亚	Durresi	都拉斯
阿尔巴尼亚	Valona	法罗拉
阿尔及利亚	Algiers	阿尔及尔
阿尔及利亚	Annaba	安纳巴
阿尔及利亚	Oran	奥兰
阿根廷	Bahia Blanca	布兰卡港
阿根廷	Buenos Aires	布宜诺斯艾利斯
阿根廷	La Plata	拉普拉塔
阿根廷	Mardel Plata	马德普拉塔
也门	Hudaydah	荷台达
阿联酋	Abu Dhabi	阿布扎比
阿联酋	Dubai	迪拜
阿曼	Muscat	马斯喀特
埃及	Alexandria	亚历山大
埃塞俄比亚	Aseb	阿萨布
埃塞俄比亚	Massawa	马萨瓦
爱尔兰	Cork	科克
爱尔兰	Dublin	都柏林
安哥拉	Luanda	罗安达
澳大利亚	Adelaide	阿德莱德
澳大利亚	Brisbane	布里斯班
澳大利亚	Darwin	达尔文
澳大利亚	Freemantle	弗里曼特尔
澳大利亚	Geelong	吉朗
澳大利亚	Melbourne	墨尔本
澳大利亚	Sydney	悉尼
澳大利亚	New Castle	纽卡斯尔
B		
巴基斯坦	Karachi	卡拉奇
巴林	Manama	麦纳麦

巴拿马	Colon	科隆
巴拿马	Panama City	巴拿马城
保加利亚	Bourgas	布尔加斯
保加利亚	Varna	瓦尔纳
贝宁	Cotonou	科托努
比利时	Antwerp	安特卫普
波兰	Gdansk	格但斯克
波兰	Gdynia	格丁尼亚
波兰	Szczecin	什切青
伯利兹	Belize	伯利兹
伯利兹	Belmopan	贝尔莫潘
C		
朝鲜	Chongjin	清津
朝鲜	Hungnam	兴南
朝鲜	Mokpo	木浦
朝鲜	Nampo	南浦
朝鲜	Wonsan	元山
赤道几内亚	Bata	巴塔
赤道几内亚	Malabo	马拉博
D		
丹麦	Aalborg	奥尔堡
丹麦	Aasrhus	奥胡斯
丹麦	Copenhagen	哥本哈根
丹麦	Fredericia	腓特烈西亚
德国	Bremen	不来梅
德国	Bremerhaven	不来梅港
德国	Hamburg	汉堡
德国	Kiel	基尔
德国	Lubeck	卢贝克
德国	Wismar	维斯马
多哥	Lome	洛美
俄罗斯	Arkhangelsk	阿尔汉格尔斯克
俄罗斯	Leningrad	列宁格勒
俄罗斯	Murrmansk	摩尔曼斯克
俄罗斯	Nakhodka	纳霍德卡
俄罗斯	Vladivostok	符拉迪沃斯托克
厄瓜多尔	Guayaquil	瓜亚基尔
F		
法国	Bordeaux	波尔多

法国	Brest	布雷斯特
法国	La Rochelle	拉罗歇尔
法国	Le Havre	勒阿佛尔
法国	Marseilles	马赛
法国	Nantes	南特
法国	Toulon	土伦
菲律宾	Cebu	宿务
菲律宾	Lloilo	伊洛伊洛
菲律宾	Manila	马尼拉
斐济	Suva	苏瓦
芬兰	Helsinki	赫尔辛基
芬兰	Oulu	奥卢
芬兰	Turku	图尔库
芬兰	Vaasa	瓦萨
佛得角	Praia	普拉亚
G		
冈比亚	Banjul	班珠尔
刚果	Pointe Noire	黑角
哥伦比亚	Barranquilla	巴兰基亚
哥伦比亚	Buenaventura	布埃纳文图拉
哥伦比亚	Cartagena	卡赫纳
哥斯达黎加	Limon	利蒙
格陵兰	Godthab	戈特霍布
古巴	Havana	哈瓦那
古巴	Matanzas	马但萨斯
关岛	Agana	阿加尼亚
圭亚那	Georgetown	乔治敦
H		
海地	Port-au-prince	太子港
荷兰	Amsterdam	阿姆斯特丹
吉布提	Djibouti	吉布提
J		
几内亚	Conakry	科纳克里
几内亚	Bissau	比绍
加拿大	Halifax	哈里法克斯
加拿大	Montreal	蒙特利尔
加拿大	Toronto	多伦多
加拿大	Vancouver	温哥华
加纳	Accra	阿克拉

加纳	Tema	特马
加蓬	Libreville	利伯维尔
柬埔寨	Sihanouk	西哈努克
K		
喀麦隆	Douala	杜阿拉
卡塔尔	Doha	多哈
科特迪瓦	Abidjan	阿比让
科威特	Kuwait	科威特
肯尼亚	Malindi	马林迪
肯尼亚	Mombasa	蒙巴萨
L		
黎巴嫩	Beirut	贝鲁特
黎巴嫩	Tripoli	的黎波里
利比里亚	Monrovia	蒙罗维亚
利比亚	Benghazi	班加西
罗马尼亚	Constantza	康斯坦萨
M		
马达加斯加	Majunga	马任加
马达加斯加	Tamatave	塔马塔夫
马达加斯加	Toamasina	图阿以西纳
马达加斯加	Toleary	图莱亚尔
马尔代夫	Male	马累
马耳他	Malta	马耳他
马耳他	Valletta	瓦莱塔
马来西亚	Georgetown	乔治市
马来西亚	Kuala Lumpur	吉隆坡
马来西亚	Kuching	古晋
马来西亚	Malacca	马六甲
马来西亚	Penang	槟城
毛里塔尼亚	Nouakchott	努瓦克肖特
美国	Baltimore	巴尔的摩
美国	Boston	波士顿
美国	Charleston	查尔斯顿
美国	Chicago	芝加哥
美国	Honolulu	火奴鲁鲁
美国	Houston	休斯敦
美国	Long Beach	长滩
美国	Los Angeles	洛杉矶
美国	Miami	迈阿密

美国	Mobile	莫比尔
美国	New Haven	纽黑文
美国	New Orleans	新奥尔良
美国	New York	纽约
美国	Norfolk	诺福克
美国	Oakland	奥克兰
美国	Philadelphia	费拉德尔菲亚
美国	Tampa	坦帕
孟加拉国	Chittagong	吉大港
孟加拉国	Dacca	达卡
秘鲁	Callao	卡亚俄
秘鲁	Chimbote	钦博特
缅甸	Bassein	勃生
缅甸	Moulmein	毛淡棉
也门	Aden	亚丁
也门	Mokalla	穆卡拉
摩洛哥	Casablanca	卡萨布兰卡
摩洛哥	Dar ei-Beida	达尔贝达
摩洛哥	Tangier	丹吉尔
莫桑比克	Deira	贝拉
莫桑比克	Maputo	马普托
墨西哥	Acapulco	阿卡普尔科
墨西哥	Coatzacoalcos	夸察夸尔科斯
墨西哥	Guaymas	瓜伊马斯
墨西哥	Mazatlan	马萨特兰
墨西哥	Tampico	坦皮科
墨西哥	Veracruz	韦腊克鲁斯

N

纳米比亚	Walvis Bay	沃尔维斯湾
南非	Cape Town	开普敦
南非	East London	东伦敦
南斯拉夫	Bar	巴尔
南斯拉夫	Ploce	普洛切
尼加拉瓜	Corinto	科林托
尼日利亚	Apapa	阿帕帕
尼日利亚	Lagos	拉各斯
挪威	Alesund	奥勒松
挪威	Bergen	卑尔根

挪威	Fredrikstad	腓特烈斯塔
挪威	Oslo	奥斯陆
P		
葡萄牙	Lisboa	里斯本
R		
日本	Chiba	千叶
日本	Hakodate	函馆
日本	Hiroshima	广岛
日本	Kagoshima	鹿儿岛
日本	Kobe	神户
日本	Nagasaki	长崎
日本	Nagoya	名古屋
日本	Naha	那霸
日本	Nicosia	新潟
日本	Osaka	大阪
日本	Tokyo	东京
日本	Yokohama	横滨
瑞典	Goteborg	哥德堡
瑞典	Halmstad	哈尔姆斯塔德
瑞典	Malmo	马尔默
瑞士	Berne	伯尔尼
S		
萨尔瓦多	Acajutla	阿卡胡特拉
塞拉利昂	Freetown	弗里敦
塞内加尔	Dakar	达喀尔
塞浦路斯	Limassol	利马索尔
塞浦路斯	Nicosia	尼科西亚
塞舌尔	Victoria	维多利亚
沙特阿拉伯	Damman	达曼
沙特阿拉伯	Jidda	吉达
斯里兰卡	Colombo	科伦坡
斯里兰卡	Trincomalee	亭可马里
苏里南	Paramaribo	帕拉马里博
索马里	Berbera	柏培拉
索马里	Kismayu	基斯马尤
索马里	Mogadisho	摩加迪沙
T		
泰国	Bangkok	曼谷
坦桑尼亚	Dares Salaam	达累斯萨拉姆

坦桑尼亚	Tanga	坦噶
坦桑尼亚	Zanzibar	桑给巴尔
突尼斯	Biserta	比塞大
突尼斯	Tunis	突尼斯
土耳其	Istanbul	伊斯坦布尔
土耳其	Izmir	伊兹密尔
土耳其	Mersin	梅尔辛

W

瓦努阿图	Vila	维拉港
委内瑞拉	Caracas	加拉加斯
委内瑞拉	Cumana	库马纳
委内瑞拉	La Guaina	拉瓜伊拉
委内瑞拉	Maracaibo	马拉开波
文莱	Bandar Seri Begawan	斯里巴加湾
乌克兰	Odessa	敖德萨
乌拉圭	Montevideo	蒙得维的亚

X

西班牙	Barcelona	巴萨罗那
西班牙	Bilbao	毕尔巴鄂
西班牙	Gibraltar	直布罗陀
西班牙	Gijon	希洪
西班牙	La Coruna	拉科鲁尼亚
西班牙	Malaga	马拉加
西萨摩亚	Apia	阿皮亚
希腊	Athens	雅典

附录二　货代术语英汉对照

1．船代

Shipping Agent	船舶代理
Handling Agent	操作代理
Booking Agent	订舱代理
Cargo Canvassing	揽货
Freight Forwarding Fee，FFF	货代佣金
Brokerage/Commission	佣金

2．订舱

Booking	订舱
Booking Note，B/N	订舱单
Booking Number	订舱号
Dock Receipt，D/R	场站收据
Manifest，M/F	舱单
Cable/Telex Release	电放
Circular Letter	通告信 / 通知书
Clean on Board B/L	清洁的已装船提单
Cancellation	退关箱

3．港口

Base Port，BP	基本港
Prompt Release	即时放行
Transit Time	航程时间 / 中转时间
Cargo Availability at Destination in	货物运抵目的地
Second Carrier	（第）二程船
In Transit	中转
Transportation Hub	中转港

4．拖车

Tractor	牵引车 / 拖头
Low-bed	低平板车
Trailer/Transporter	拖车
Trucking Company	车队（汽车运输公司）
Fork Lift	叉车
Loading Platform	装卸平台
Axle Load	轴负荷
Tire Load	轮胎负荷
Toll Gate	收费口

5. 保税

Bonded Area	保税区
Bonded Goods (Goods in Bond)	保税货物
Bonded Warehouse	保税仓库
Caged Stored at Bonded Warehouse	进入海关监管

6. 船期

A Friday（Tuesday/Thursday）Sailing	周五班
A Fortnight Sailing	双周班
A Bi-weekly Sailing	周双班
A Monthly Sailing	每月班
On-schedule Arrival/Departure	准班抵离
Estimated(Expected) Time of Arrival，ETA	预计到达时间
Estimated（Expected）Time of Berthing，ETB	预计靠泊时间
Estimated(Expected) Time of Departure，ETD	预计离泊时间

The sailing schedule/vessels are subject to change without prior notice.
船期 / 船舶如有变更将不作事先通知。

Closing Date	截止申报时间
Cut-off Time	截关日

7. 费用

Ocean/Sea Freight	海运费
Freight Rate	海运价
Charge/Fee	（收）费
Dead Freight	空舱费
Dead Space	亏舱
Surcharge/Additional Charge	附加费
Toll	桥 / 境费
Charges that are below a just and reasonable level	低于正当合理的收费
Market Price Level	市场价水平
Special Rate	特价
Rock Bottom Price	最低底价
Best Obtainable Price	市场最好价
Freight Payable at Destination	到付运费
Back Freight	退货运费
Fixed Price	固定价格
Commission	佣金
Rebate	回扣 / 折扣
Drayage Charge	拖运费
General Rate Increase，GRI	运价上调
Second General Rate Increase，SGRI	第二次运价上调

General Rate Decrease，GRD	运价下调
Temporary General Rate Decrease，TGRD	临时运价下调
Peak Season Surcharge，PSS	旺季附加费
Wharfage：A charge assessed by a pier against freight handled over the pier	码头附加费
Terminal Handling Charge，THC	码头操作附加费
Origin Receiving Charge，ORC	始发接单费
Chassis Usage Charge，CUC	拖车运费
Inter-modal Administrative Charge，IAC (U.S. Inland Surcharge)	内陆运输附加费
Destination Delivery Charge，DDC	目的地卸货费
Origin Accessory Charge，OAC	始发港杂费
Manifest Amendment Fee，MAF	舱单改单费

8. 付费方式

Freight Prepaid，PP	预付
Freight Collect，CC	到付
Ex Works，EXW	工厂交货
Free Carrier，FCA	货交承运人
Free alongside Ship，FAS	装运港船边交货
Free on Board，FOB	装运港船上交货
Cost and Freight，CFR	成本加运费
Cost，Insurance and Freight，CIF	成本、保险费加运费
Carriage Paid to，CPT	运费付至目的地
Carriage and Insurance Paid to，CIP	运费、保险费付至目的地
Delivered at Frontier，DAF	边境交货
Delivered Ex Ship，DES	目的港船上交货
Delivered Ex Quay，DEQ	目的港码头交货
Delivered Duty Unpaid，DDU	未完税交货
Delivered Duty Paid，DDP	完税后交货
Delivered at Terminal，DAT	终端点交货
Delivered at Place，DAP	目的地交货

9. 集装箱类型

Dry Container/General Purpose，DC/GP	干货箱
Reefer Container，RF	冷藏箱
Open Top，OT	开顶箱
Flat Rack，FR	框架箱
Hanger Container，HT	挂衣箱
Tanker Container，TK	罐装箱

10. 单证

Shipping Order，S/O	装货单
Bill of Lading，B/L	提单

B/L Copy	提单副本
Ocean Bill of Lading，OBL	海运提单
House Bill of Lading，HBL	无船承运人提单
Through Bill of Lading，TBL	全程提单
Advanced B/L	预借提单
Anti-dated B/L	倒签提单
Blank B/L	空白提单
Order B/L	指示提单
Combined Bill	并单（提单）
Separate Bill	拆单（提单）
Straight B/L	记名提单
On Board B/L	已出运的货物提单
Received for Shipment B/L	备运提单
Transhipment B/L	转船提单
Through B/L	联运提单

附录三　国际货运代理企业年审登记表

国际货运代理企业备案表

（法人企业适用）

备案表编号：00003788

企业中文名称	上海明芝国际货运有限公司		企业经营代码：
企业英文名称	Shanghai Mingzhi Development Internatlonal Transportation Co.,Ltd.		3100000200
住所	沈家弄路18号		
经营场所（中文）	沈家弄路18号		
经营场所（英文）	Shanghai shen get no 18		
工商登记注册日期	2000-10-14	工商登记注册号	3101091019210
企业类型	内资企业-国有企业	组织机构代码	132231799
注册资金	10000000	联系电话	63366668
联系传真	63373990	邮政编码	200008
企业网址	http://www.am.com.cn	企业电子邮箱	am@am.com.cn
法定代表人姓名	蔡飏	有效证件号	110108620518851

业务类型范围

运输方式	海运☑　　　　空运☑　　　　陆运☑
货物类型	一般货物☑　　国际展品☑　　过境运输☑　　私人物品☑
服务项目	揽货☑　托运☑　定舱☑　仓储中转☑　集装箱拼装拆箱☑ 结算运杂费☑　报关☑　报验☑　保险☑　相关短途运输☑　运输咨询☑
特殊项目	是否为多式联运　是☐　否☑　　是否办理国际快递　是☑　否☐ 信件和具有信件性质的物品除外☑　　私人信函及县级以上党政军公文除外☑

备注：

备案机关

签章

2013 年 12 月 12 日

195

国际货运代理企业年审电子表格填制说明

为了数据的准确性、科学性将年审附表电子版本化。各单位请用 Excel 表格形式填写上报企业年审材料。

填写 Excel 表格时请按如下要求：

A列	外经贸部批准证书号码	必填
B列	单位名称	必填
C列	单位地址	必填
D列	邮政编码	必填
E列	联系人	必填
F列	电话	必填
G列	传真	必填
H列	年营业总额（万美元）	必填
I列	年营业总额（万人民币）	必填
J列	年税前利润总额（万元）	必填
K列	年纳税额（万元）营业税	必填
L列	年纳税额（万元）所得税	必填
M列	净利润总额（万元）	必填
N列	出口海运散（万吨）	必填
O列	出口海运TEU	必填
P列	出口陆运散（万吨）	必填
Q列	出口陆运TEU	必填
R列	出口空运（万吨）	必填
S列	出口快件（件）	必填
T列	进口海运散（万吨）	必填
U列	进口海运TEU	必填
V列	进口陆运散（万吨）	必填
W列	进口陆运TEU	必填
X列	进口空运（万吨）	必填
Y列	进口快件（件）	必填
Z列	货运总量海运散（万吨）	自动求和
AA列	货运总量海运TEU	自动求和
AB列	货运总量陆运散（万吨）	自动求和
AC列	货运总量陆运TEU	自动求和
AD列	货运总量空运（万吨）	自动求和
AE列	货运总量快件（件）	自动求和
AF列	货运总量散（万吨）合计	自动求和
AG列	货运总量TEU合计	自动求和
AH列	企业人数	必填
AI列	取得国际货代资格证书人数	必填

注：填写时请注意各项目的单位。将此文件另存为以实际"批准号码"为名的Excel文件。